Les Mystères dévoilés

Ouvrages déjà publiés aux
Éditions du Nouveau Monde

Les Mystères dévoilés, Godfré Ray King. 272 pages.

Godfré Ray King: l'Ascension dans la Lumière, présentation de Marc Saint Hilaire. 144 pages.

Le manuscrit de Galba, présentation de Marc Saint Hilaire. 72 pages.

Ces livres sont disponibles dans toutes les bonnes LIBRAIRIES au Canada et au Québec. S'ils ne sont pas sur les tablettes, il suffit de les commander directement à votre libraire.

Pour les autres pays (Europe, etc...), s'informer directement par le courrier à l'Éditeur.

Godfré Ray King

Les Mystères

Dévoilés

Éditions du Nouveau Monde

Copyright 1991 et 1994, Éditions du Nouveau Monde
Tous droits réservés pour tous les pays.

La photocopie, la reproduction, l'enregistrement, l'adaptation ou l'utilisation publique de ces textes, de l'illustration de couverture et du logo des Éditions, en partie ou en tout, par quelque procédé que ce soit, visuel, sonore ou informatique, sont illégales, conformément aux lois nationales et internationales sur les droits d'édition et les droits d'auteur. Elles ne sont possibles qu'avec l'autorisation écrite des Éditeurs.

EN COUVERTURE: La Sphère d'Or et de Cristal représente la Splendeur de la Victoire de l'Ascension manifeste. Le Soleil qui rayonne, et la Sphère d'Or dans la Nature indiquent que cette Victoire est accessible pour tous, partout, quand l'individu se détermine à manifester la pure Lumière divine. Il est fait mention de cette Sphère de Lumière vivante, dans le Livre. Également, plusieurs oeuvres d'Art traditionnel représentent le bien-aimé Maître Jésus qui tient dans sa main une Sphère, la Victoire de l'Ascension offerte à tous ceux de Bonne Volonté.

Dépôt légal 1992:

Bibliothèque nationale du Québec
Bibliothèque nationale du Canada
Bibliothèque nationale de France
Library of Congress, Washington, D.C.

Titre original: *Unveiled Mysteries*, Saint Germain Press, inc.

Édition française par Marc Saint Hilaire

Ce livre contient exactement 272 pages.

ISBN: 2-920684-13-2   Réimpression 2004

DÉDICACE

C'est avec une Éternelle Reconnaissance et un profond Amour que ce livre est dédié à notre Maître bien-aimé Saint Germain, à la Grande Fraternité Céleste, à la Fraternité du Teton Royal, à la Fraternité du Mont Shasta, et à tous ces Maîtres d'Ascension dont l'aide aimante a été directe et sans limite.

Préface

En dépit des apparences extérieures, la Terre est entrée dans l'Âge où l'individu va enfin pouvoir regarder son Être Réel en face, et tourner le dos une fois pour toutes au fanatisme, au dogmatisme et aux faux prophètes, véritables fléaux pour l'humanité. L'Âge d'Or et de Cristal qui s'établit irrésistiblement sur cette Terre est celui de la 'Lumière Divine', de la Paix, de l'Amour divin qui élève, et de l'illumination du mental et des corps terrestres. La vraie Compréhension de ce qu'est la Vie, tant au plan individuel qu'au plan cosmique, fait alors définitivement place au vieil occultisme désuet.

Les grands Instructeurs de l'humanité ont toujours placé la Vérité qui vient d'En-Haut au premier plan de leur Enseignement. Nous sommes maintenant dans cet Âge de la Révélation directe où les anciens mystères du monde et de la Vie tombent devant Celui qui est la Source de toute 'Lumière'. C'est le temps de la 'Fin des mystères', qui verra la manifestation de la splendeur de la Vie Divine dans l'être humain.

L'homme et la femme vont retrouver leur Liberté d'Êtres Divins; et cet état originel finalement recherché par tous est accessible pour tous, indépendamment de la race, de la religion ou de l'âge. La Puissance harmonisante de la Présence de l'Être Suprême, et l'Amour des Maîtres d'Ascension se manifestent de plus en plus, et se font davantage sentir dans la Vie de tous ceux et celles qui recherchent la Paix et la Liberté de vivre la réelle Simplicité et la Beauté de la Vie dans toute la splendeur de Sa 'Lumière'. C'est le Plan du Christ.

Il m'est nécessaire de confier ici que j'ai reçu la preuve tangible et irréfutable de la Réalité de cette 'Lumière' et aussi celle de la Réalité de ces Grands Maîtres d'Immortalité. Alors, en 1983 et 1984, confirmant l'ancienne promesse rapportée au chapitre cinq de ce livre, la 'Présence' radieuse de mon Être Suprême se manifesta à mon regard et s'adressa verbalement à moi. Son Visage merveilleusement Beau, éternellement Jeune et pourtant si Ancien rayonnait un tel Amour, une telle Puissance et une telle Douceur, que les mots sont incapables de décrire vraiment la Splendeur de l'Être Suprême individualisé, notre Être Réel, Celui-qui-Est, I AM ' *Je Suis* '. Chacun a la possibilité de voir son Maître Suprême face à face, et plus encore, pourvu que le Désir intérieur et la Sincérité soient absolument sans feinte.

Je désire, dans cette courte préface, citer les mots laissés par un étudiant qui fut en contact direct avec le bien-aimé Godfré Ray King quand il était encore sur Terre. Cet étudiant écrivait: "*Les Maîtres d'Ascension ne se préoccupent jamais de chercher à donner des preuves de leur Réalité à la conscience humaine.*" Leur but est de tourner l'attention de celui qui le veut vraiment vers la Présence Suprême de la Vie, Celui-qui-Est *Je Suis*.

Cet étudiant écrivait encore: " *Ici, dans 'Les Mystères dévoilés', vous avez un livre qui fera que vous allez commencer à* VIVRE. *Oui, comme jamais auparavant. Vivre magnifiquement, superbement, pratiquement, tel que Dieu l'a planifié pour nous tous... Ce n'est pas une analyse de ce que vous êtes. Ce n'est pas une théorie. Ce n'est pas une critique, pas un traité. C'est simplement le récit de ce qui est arrivé à un homme, ici, en Amérique, simplement et magnifiquement raconté. Et il contient la Vérité de la Vie telle qu'Elle se manifeste d'Elle-même. Soit dit encore: ce n'est pas une théorie, pas une liste de faites ceci et ne faites pas cela; c'est un Enseignement pratique pour vous et moi sur comment agir, comment libérer nos vies de toutes choses limitantes et discordantes, et, alors, libérer et manifester la Perfection de Vie que Dieu, la Présence du Suprême I AM 'Je Suis' attend de pouvoir déverser.* "

Et cet étudiant, de continuer: "*Les opinions de qui que ce soit concernant ce livre sont absolument sans conséquences. Ce que je veux savoir est ceci: 'Est-ce qu'il fonctionne pour moi?' Je l'ai essayé: cela a fonctionné! Encore et encore l'ai-je essayé: encore et encore cela a fonctionné! Et à chaque fois que je l'ai essayé, à chaque fois et toujours cela a fonctionné! Alors, c'était* VRAI!"

Que ce livre véritablement extraordinaire, tant par son contenu que par sa portée pratique, devienne pour le lecteur un instrument d'application quotidienne et, finalement, un aide précieux pour atteindre le but ultime de toutes existences terrestres, que les Maîtres d'Ascension révèlent ici, sans aucune ambiguïté. Lire ces Mots, les relire et les relire encore. *Étudier, étudier, pratiquer, pratiquer et pratiquer encore*: voilà la Clé d'Or irremplaçable qui permet la manifestation de cette Victoire Suprême pour tous ceux et celles qui le feront avec sincérité et sans abandonner.

Marc Saint Hilaire

Hommage

Conformément à la demande de ces grands Maîtres d'Ascension qui orientent, protègent et participent à l'expansion de la Lumière parmi l'humanité de cette Terre, c'est maintenant le temps où la grande Sagesse conservée et protégée en Extrême-Orient durant de nombreux siècles doit se répandre en Amérique.

Le grand Maître d'Ascension Saint Germain, dont il est question ici, est l'un de ces puissants Êtres Cosmiques de la grande Assemblée des Maîtres d'Ascension qui gouvernent cette planète. Il s'agit de ce grand Être qui travailla à la cour de France avant et pendant la Révolution française, et dont les conseils, s'ils avaient été suivis, auraient évité bien des souffrances. Il est inéluctablement lié à l'Amérique d'hier, d'aujourd'hui et de demain. Car l'une de ses importantes fonctions sur cette Terre consiste à purifier, à protéger et à illuminer le peuple d'Amérique, afin qu'elle devienne porteuse de la 'Coupe de Lumière' pour les nations de la Terre durant le nouvel Âge d'Or qui s'ouvre devant nous.

Dès le début de sa fondation, la Liberté même de l'Amérique fut le résultat de ses continuels efforts à protéger et à encourager les individus responsables de sa formation. La rédaction de la Déclaration d'Indépendance fut aussi la conséquence directe de son aide et de son influence. Ce fut également son Amour, sa Protection et ses instructions qui aidèrent Washington et Lincoln durant les plus durs moments de leur vie.

Aujourd'hui encore, ce Frère bien-aimé de l'humanité,

qui oeuvre sans relâche pour la Lumière et la Liberté, se trouve en Amérique, collaborant avec les gouvernements afin de concrétiser les changements positifs qui s'imposent, pour son plus grand bien et, conséquemment, pour celui du monde entier.

D'ici quelques années, les peuples d'Amérique et de la Terre sauront tout le bien qu'ils doivent à ce grand Maître d'Ascension à qui il est impossible de rendre pleine justice, si ce n'est en exprimant Amour profond, obéissance et Service envers l'Idéal pour lequel Il oeuvre sans répit.

Cette connaissance intime de ses Activités dans ce pays permet de ressentir un contact étroit et un Amour intense pour lui, qui deviennent alors une Force vivante et tangible dans la Vie du lecteur.

Le Rayonnement intense qui se dégage de ce livre est celui d'un Maître qui a fait son Ascension; et, dans le cas présent, c'est celui du bien-aimé 'Porte-Lumière' Saint Germain.

GODFRÉ RAY KING

Avant-propos

C'est grâce à l'aide de Saint Germain que j'ai connu le privilège de vivre les événements rapportés dans ce livre. J'ai obtenu la permission de les retranscrire ici pour le public. Personne ne peut prendre conscience, avant d'avoir reçu une telle aide, de la grandeur et de la profondeur de mon Amour pour cet Être et pour les autres Maîtres d'Ascension qui m'ont apporté leur aide.

À l'exception de Saint Germain, et à sa demande, les noms personnels des Maîtres d'Ascension, les dates et les endroits exacts mentionnés dans ce livre ne sont pas communiqués pour des raisons évidentes. En effet, ce n'est que par le Service dans l'Amour, et sur leur invitation, qu'on obtient le droit d'être en compagnie des Maîtres d'Ascension, en présence de leurs corps visibles, tangibles, vivants et qui respirent. Toute autre voie d'approche conduit nécessairement à la déception et à l'échec, car la grande 'Présence' et la Puissance qui les ont protégés au cours des siècles les protègent encore.

La Pureté intérieure de l'individu, sa force et son avancement sont les seuls passeports qui permettent de connaître les Activités des Maîtres d'Ascension et de s'associer à Eux. Lorsqu'un individu, en se corrigeant consciemment et volontairement de ses faiblesses, atteint un certain niveau, personne dans l'Univers ne peut le tenir loin d'eux.

Il existe en Amérique l'un des plus anciens Foyers de

la Grande Fraternité Céleste, l'une des plus anciennes Retraites des Maîtres d'Ascension, qui oeuvre à la Libération de l'être humain depuis son arrivée sur cette planète. Certaines des activités se déroulant dans cette Retraite sont révélées au lecteur afin qu'il puisse, s'il est prêt, établir au moyen de sa propre Lumière intérieure le contact conscient avec la grande Lumière qui coule de ce Centre puissant de Rayonnement divin. Ainsi peut-il à nouveau boire à la Fontaine de l'ancienne Sagesse et porter la Coupe cristalline de Paix, d'Amour, de Force et de Victoire à ses frères et soeurs fatigués.

Le but de mettre ce livre entre les mains du public est de communiquer au lecteur l'encouragement et la force nécessaires pour avancer et continuer durant la période de transition où nous nous trouvons actuellement; il s'agit aussi de communiquer au lecteur les éléments de la fondation solide sur laquelle doit être construit l'avenir de notre pays et du nouvel Âge d'Or.

J'écris ce livre sur les flancs du majestueux Mont Shasta, dont le sommet est continuellement couvert de ce Blanc pur et lumineux qui symbolise la 'Lumière d'Éternité'. Ces pages rapportent comment je rencontrai le bien-aimé Maître Saint Germain et d'autres Maîtres ayant atteint leur Ascension qui oeuvrent sans relâche pour le bien de l'humanité, tandis qu'elle avance sur le Sentier de la Paix, de l'Amour, de la Lumière et de la Perfection Éternelle.

J'ai constamment suivi ce désir omniprésent en moi de voir, d'entendre et de connaître *infailliblement* la Vérité de la Vie. Pas à pas, je fus amené à découvrir et à accepter la 'Présence' Suprême de Dieu en moi, la 'Lumière qui éclaire toute personne venant en ce monde' - Le 'Christ'. Un moyen pour contacter cette 'Lumière', son Intelligence omniprésente et son Activité parfaite me fut révélé, et, dans ces pages, je le communique au lecteur.

Je ne peux rapporter ici qu'une partie des événements et des Instructions reçues. L'un après l'autre, mes grands désirs ont été comblés parce que ces désirs étaient constructifs et libres d'égoïsme. Ma quête de la Vérité et du bonheur a été longue et régulière, mais je les ai trouvés. Et aucun être humain ne peut me les enlever parce qu'ils sont *éternels* et proviennent directement de mon Être Suprême. En présentant ces faits, je demande sincèrement que le lecteur reçoive cette 'Lumière', qu'il soit béni et comblé alors qu'il chemine sur le Sentier de la Vérité, car c'est là seulement que se trouve le Bonheur permanent. C'est là, et là uniquement que celui qui cherche la 'Lumière' trouvera la Paix éternelle et l'Activité au Service de l'Amour. Si mon effort pour faire connaître ces livres au monde peut transmettre une partie de l'Amour, de la Lumière et du Bonheur que j'ai reçus, j'aurai alors été amplement récompensé.

Le grand Maître d'Ascension Saint Germain nous a dit que, dans l'Octave des Maîtres d'Ascension, ces Livres sont reliés d'une couverture de Pierres précieuses.

Ils contiennent la Loi Éternelle de la Vie et demeureront la Règle de Vie de l'humanité et de la Terre pour encore plusieurs millénaires!

La Connaissance des Maîtres d'Ascension concernant I AM ' *Je Suis* ' * est le seul moyen donné par la Vie pour élever l'activité des êtres humains à l'Octave de Vie suivante, au-dessus de l'humain. C'est le seul moyen par lequel les individus peuvent corriger leurs erreurs du passé et avancer libres vers l'avenir. C'est le moyen fourni par la Loi de Vie pour permettre à l'individu de rééquilibrer l'Universel après avoir mal utilisé l'énergie de Vie, plutôt que d'avoir à restituer cet équilibre d'un individu à l'autre; ce qui deviendrait une interminable série de réactions en chaîne.

Cette possibilité de tout remettre en équilibre est certainement la suprême Miséricorde de la Vie envers Sa Création. C'est la "Grâce" dont Jésus a parlé, et par laquelle il gagna son Ascension. Tous les Maîtres d'Ascension - et il y en a des milliers - ont appliqué ces mêmes Instructions afin de devenir la Perfection et la Puissance de Vie qu'ils sont aujourd'hui.

En lisant ces livres, vous cherchez à comprendre ce qui exprime une Perfection infiniment plus grande que vous-même ou que n'importe quel humain de cette Terre peut exprimer.

Il n'existe pas de contradiction dans cette explication de la Loi de Vie telle que les Maîtres d'Ascension l'ont donnée. Ce sont des Êtres totalement Purs, Parfaits et Tout-Puissants, qui ne font jamais d'erreurs. Celui qui lit ces livres devrait prendre conscience du peu qu'il connaît de l'Univers magnifique qui l'entoure.

Tout le monde sait qu'il existe une Puissance et une

Activité de Vie Intelligente bien supérieures à son mental humain, à son corps et à l'intellect de tous les terriens réunis. Tout le monde sait que ce monde et ce Système de mondes auquel appartient notre Terre furent créés, conçus et sont maintenus par une Intelligence et une Puissance supérieures à tous les intellects qui se trouvent sur cette planète.

Aussi, au lieu de penser, de dire ou de croire que cet Enseignement des Maîtres d'Ascension, renferme des contradictions, voyez plutôt les limites de ces intellects humains. Pourquoi des individus si limités et qui font tant d'erreurs peuvent-ils dire que les Maîtres d'Ascension, qui sont totalement Purs, Parfaits, Aimants et Tout-Puissants, font des erreurs quand cela est impossible?

Une telle attitude n'est que de l'ignorance humaine qui juge la Vie Divine et la Manifestation de l'Univers au moyen de sentiments humains discordants en révolte contre l'obéissance à la Loi de Vie.

Les Maîtres d'Ascension et nous-mêmes n'utilisons jamais de force destructrice. Nous n'en avons pas besoin. Quand la destruction colore l'Énergie, ce n'est là que l'outil des forces obscures agissant dans les individus révoltés qui refusent d'obéir à la Loi de leur propre Vie qui opère pour leur plus grand bien.

En Amérique, la Puissance et la Victoire de la Lumière sont en train de prendre les Commandes, parce que les Maîtres d'Ascension et les Êtres Cosmiques ont prononcé un Fiat pour que la Perfection de la Vie s'exprime pleinement chez les peuples de la Terre. Cette Perfection de la Lumière débute en Amérique par la compréhension et l'usage conscient de la grande Parole Créatrice I AM ' *Je Suis* '* telle que l'ont révélée les Maîtres d'Ascension.

Tous ceux qui utiliseront ce Nom comme le font les Maîtres d'Ascension libéreront aussi la même Puissance et la même Victoire de Lumière, parce qu'ils en sont l'accomplissement Parfait. Ils sont devenus cette plénitude de Puissance et de Perfection en employant ce Nom. Chacun a la possibilité d'agir pareillement, et de devenir Parfait et Maître comme Eux.

Le dicton "la Vérité est plus étrange que la fiction" s'applique à ce livre. Il appartient au lecteur de l'accepter ou non. Mais les Maîtres qui ont fait leur Ascension m'ont souvent dit: «Plus l'humanité acceptera notre 'Présence', plus elle nous ouvrira grand la porte pour que nous déversions sur elle une aide de plus en plus tangible. Mais ceux qui nous rejettent parce qu'ils sont en désaccord avec cette Vérité ne nous éliminent pas et ne changent en rien Son Action dans l'Univers.»

Ceux qui acceptent vraiment la Vérité rapportée dans ces pages découvriront une 'Force' nouvelle et puissante pénétrer dans leur vie. Chaque livre véhicule cette 'Présence' Suprême, Son Rayonnement et Sa Puissance d'encouragement. Tous ceux qui étudieront honnêtement ces pages avec profondeur, sincérité et persistance connaîtront et établiront le contact avec la Réalité de cette 'Présence' et de cette Puissance.

Aux lecteurs je dois rappeler que tous ces faits sont aussi *Réels* et *Vrais* que l'existence de l'humanité sur cette Terre aujourd'hui, et qu'ils se sont produits durant les mois d'août, septembre et octobre mil neuf cent trente sur les flancs du Mont Shasta, en Californie du Nord.

GODFRÉ RAY KING

---

* ' *JE SUIS* ': Le Nom Éternel de la Présence de l'Être Suprême individualisé. Voir aussi le livre *Godfré Ray King: L'Ascension dans la Lumière*, Éditions du Nouveau Monde, Québec 1994. (NdE)

Copyright 1992, Editions du Nouveau Monde

Portrait du bien-aimé
Maître d'Ascension Saint Germain
tel qu'Il l'a remis Lui-même à Godfré Ray King.

TABLE

1. La rencontre avec le Maître 23
2. Le désert du Sahara 52
3. Le Teton Royal 89
4. Les mystères de Yellowstone 124
5. Souvenirs incas 140
6. Les Cités enfouies d'Amazonie 176
7. La Vallée secrète 206
8. La Puissance omniprésente de Dieu 225
9. Les Maîtres de Vénus au Teton Royal 251

L'Ascension

Je ressens la Flamme de mon Dieu me caresser le front,
 Le Souffle de l'Amour maintenant éternel;
Je lève les yeux, et oui, je vois
 Mon Grand Être Suprême juste au-dessus de moi.

Une éblouissante nuée recouvre tout,
 J'entends la 'Présence' de mon Dieu qui m'appelle;
Je ressens la puissance de l'Amour qui jaillit,
 Je pénètre Son Souffle, Sa Lumière.

Je vois à l'intérieur de cette Flamme vibrante,
 J'écoute, et puis j'entends mon Nom secret;
Je ressens la Lumière, le grand Souffle du Feu,
 'Je Suis' la Victoire sur la mort.

Me voici libre: mon Ascension est accomplie.
 À la Lumière de mon coeur tout obéit:
Je Suis un Être de Cause uniquement,
 Et cette cause, c'est l'Amour, le Son Sacré.

Je rayonne la Vie, je m'élève, je monte,
 Mon coeur déborde et chante ses louanges;
Ma puissance s'accroît et me pénètre,
 Mes grands Rayons de Lumière sont les Feux de Dieu.

Je Suis un Soleil, mon Amour, Sa Lumière,
 Tout le reste s'efface, je ne vois plus la terre;
Je sais que ' *Je Suis* ' l'Être Divin - l'Un
 La Source: le Grand Soleil Central.

CHANERA

CHAPITRE 1

La rencontre avec le Maître

e Mont Shasta se dressait fièrement dans le ciel d'ouest, entouré à sa base d'une couverture de pins et de sapins qui lui donnait l'aspect d'un diamant blanc serti dans une verte dentelle. Ses sommets enneigés brillaient et changeaient de couleurs, tandis que les ombres s'allongeaient avec la descente du soleil vers l'horizon.

Une rumeur laissait entendre qu'il existait un groupe d'hommes - hommes divins en réalité - appelé la Fraternité du Mont Shasta, une branche de la grande Loge Blanche, et que ce Foyer très ancien s'était maintenu au cours des âges.

Le gouvernement m'avait envoyé pour affaires dans une petite ville située au pied de la montagne. Durant mes loisirs, je passais mon temps à éclaircir cette rumeur au sujet de la Fraternité. Mes voyages en Extrême-Orient m'avaient appris que la plupart des rumeurs, des mythes et des légendes ont pour origine une Vérité profonde et cachée qui, d'habitude, demeure inconnue de tous, à l'exception des vrais étudiants de la Vie.

Je tombai amoureux du Shasta, et, tous les matins, d'une manière presque involontaire, je saluais l'Esprit de la Montagne et les Membres de l'Ordre. Je percevais quelque chose de vraiment inhabituel dans toute la région et, à la lumière des événements qui suivirent, je ne m'étonne pas d'avoir pu les ressentir d'avance.

J'avais pris l'habitude, chaque fois que je voulais réfléchir seul ou que j'avais d'importantes décisions à prendre, de marcher plusieurs heures sur le sentier. Ici, sur cette géante de la Nature, je pouvais me détendre et trouver l'inspiration et la paix qui reposaient mon âme et revitalisaient mon mental et mon corps.

J'avais planifié une telle randonnée - pour me détendre, pensais-je - afin de passer un bon moment loin vers le coeur de la montagne, lorsque l'événement qui suit entra dans ma vie, et la changea d'une manière si radicale, que j'aurais pu me penser sur une autre planète, n'eut été mon retour à la routine quotidienne que je connaissais depuis plusieurs mois.

À l'aube du matin en question, je me mis en route, décidé à suivre l'inspiration du moment, et, d'une manière un peu vague, je demandai à Dieu de diriger mes pas. Vers l'heure de midi, je me trouvais déjà à une bonne hauteur sur le flanc de la montagne d'où la vue vers le sud avait une splendeur de rêve.

Avec les heures qui passaient, il se mit à faire très chaud. J'arrêtai souvent pour me reposer et profiter pleinement de la vue magnifique sur la rivière Mc-Cloud, la vallée et la petite ville. À l'heure du repas, je me mis à la recherche d'une source d'eau claire et fraîche. Verre en main, je me penchai pour le remplir lorsqu'un courant électrique me traversa le corps de la tête aux pieds.

Je regardai autour, et, juste derrière moi se trouvait un jeune homme qui, au premier coup d'oeil, semblait être en excursion comme moi. Je l'observai plus attentivement et me rendis aussitôt compte qu'il ne s'agissait pas d'une personne ordinaire. Alors que cette pensée me traversait l'esprit, il sourit et me dit:

«Mon Frère, si vous voulez me donner votre verre, je vous offrirai un breuvage bien plus rafraîchissant que de l'eau de source.» J'obéis. Instantanément, le verre fut rempli d'un liquide crémeux. Me le tendant, il me dit:

«Buvez.»

C'est ce que je fis, sans masquer ma surprise. Le goût était délicieux, et l'effet électrisant sur mon mental et mon corps fut tel, que j'en restais ébahi. Il n'avait rien versé dans le verre, et je me demandais ce qui se passait.

«Ce que vous venez de boire, dit-il, provient directement de la Source Universelle, pure et vivifiante comme la Vie elle-même; en fait, c'est la Vie - la Vie Omniprésente - car elle existe partout autour de nous. Elle est sujette à notre contrôle conscient et à notre direction; elle obéit toujours lorsque nous aimons suffisamment, parce que tout l'Univers se plie aux ordres de l'Amour. Lorsque je commande avec Amour, tout ce que je désire se manifeste de lui-même. J'ai tendu le verre, et ce que j'ai désiré pour vous s'est manifesté. Regardez! Il me suffit de tendre la main et, si je veux utiliser de l'or, voici de l'or.» Instantanément apparut dans sa main un disque ayant la dimension d'une pièce d'or de dix dollars. Il poursuivit:

«Je perçois en vous une certaine compréhension de la

Grande Loi, mais vous n'en êtes pas suffisamment conscient pour produire ce que vous désirez directement de la Source Universelle omniprésente. Vous avez désiré voir ceci d'une manière si intense, si honnête et si déterminée, que la manifestation ne pouvait faire autrement que se produire.

«Cependant, la précipitation est l'une des activités les moins importantes de la grande Vérité de l'Être. Si votre désir n'avait été libre d'égoïsme et de la fascination du phénomène, un tel événement n'aurait pas pu vous arriver. Ce matin, en quittant votre maison, vous pensiez simplement partir en randonnée, et c'est vrai, en ce qui concerne la conscience extérieure. Mais à un niveau plus profond et plus global, vous suiviez en fait la poussée de l'Être Suprême en vous qui vous a conduit vers la personne, l'endroit et la condition où votre intense désir pouvait être comblé.

«La Vérité de la Vie est que vous ne pouvez pas désirer une chose dont la manifestation serait impossible quelque part dans l'Univers. Plus vous *ressentez* le désir avec intensité, plus il se manifestera rapidement. Cependant, si quelqu'un est assez fou pour désirer ce qui blessera un autre enfant de Dieu ou toute autre partie de Sa Création, alors cette personne en paiera le prix en discordes et en échecs quelque part durant son expérience de Vie.

«Il est fondamental de comprendre pleinement que l'intention de Dieu pour chacun de Ses Enfants est l'abondance de tout ce qui est bon et parfait. Il a créé la Perfection et a doté Ses Enfants d'une puissance exactement semblable. *Ils peuvent créer et maintenir la Perfection*, et exprimer leur Autorité Divine sur la Terre et tout ce qu'elle contient. Dès l'origine, l'humanité fut créée à l'Image et à la Ressemblance de Dieu. La seule raison pour laquelle les humains ne manifestent pas cette Maîtrise est qu'ils n'utilisent pas leur Autorité Divine - celle que possède tout individu - et par laquelle il doit gouverner son univers personnel. Ainsi, les gens n'obéissent pas à la Loi d'Amour qui consiste à déverser paix et bienfaits à toute la création.

«Ceci est dû au fait qu'ils ne réussissent pas à s'accepter et à se reconnaître comme les *Temples du Très-Haut Dieu Vivant*, et à maintenir cette conscience dans une reconnaissance éternelle. L'humanité, dans son état actuel d'apparente limitation de temps, d'espace et d'activité, se trouve dans la condition d'une personne dans le besoin à qui on tendrait de l'argent. Si cette personne ne s'avance pas et n'accepte pas l'argent qui lui est offert, comment pourra-t-elle jamais obtenir les bienfaits d'un tel présent?

«L'humanité, dans son ensemble, se trouve exactement dans cet état de conscience aujourd'hui, et elle le demeurera jusqu'à ce qu'elle accepte que l'Être Suprême présent à l'intérieur de leur coeur est le Possesseur, le Dispensateur et le Créateur de tout le Bien qui s'est déjà manifesté dans leur vie et dans leur monde.

«Le *moi personnel* de tout individu doit reconnaître complètement et inconditionnellement que le moi humain, l'activité extérieure de la conscience, ne possède absolument *rien* de lui-même. Même l'énergie grâce à laquelle on reconnaît le grand Dieu intérieur est générée dans le moi personnel par l'Être Suprême individualisé.

«Amour et gratitude envers l'Être Suprême intérieur, et l'*attention* constamment centrée sur la Vérité, la santé, la liberté, la paix, l'abondance ou toute autre chose positive que vous puissiez désirer, une telle attention, maintenue consciemment et avec persistance dans vos pensées et vos sentiments, manifestera ces conditions dans votre environnement personnel, aussi certainement qu'existe la grande loi d'attraction magnétique dans l'Univers.

«Voici la Loi Éternelle de la Vie: "Ce à quoi vous pensez et ce que vous ressentez, vous le manifestez dans la forme; là où sont vos pensées, là vous vous trouvez, parce que vous êtes votre conscience; et ce sur quoi vous méditez, vous le devenez".

«Lorsqu'un individu laisse son mental aller à des pensées de haine, de condamnation, d'impureté, d'envie, de jalousie, de critique, de peur, de doute ou de méfiance, et qu'il permet à ces sentiments d'irritation de vibrer en lui, il connaîtra nécessairement la discorde, l'échec et le désastre dans son mental, dans son corps et dans son monde personnel. Tant et aussi longtemps qu'il persiste à laisser son attention captivée par de telles pensées - qu'il s'agisse de nations, de personnes, d'endroits, de conditions ou de choses - il absorbe ces activités dans la substance de son mental, de son corps et dans ses affaires. En fait il les oblige - les *force* - à s'exprimer dans son expérience quotidienne.

«Toutes ces activités discordantes atteignent l'individu et sa vie par ce qu'il pense et par ce qu'il ressent. Souvent le sentiment intérieur produit même un flash avant que la personne ne soit consciente de la pensée *extérieure*, ce qui pourrait lui permettre de la contrôler. Ce type d'expérience devrait lui enseigner comme elle est puissante l'énergie contenue dans ses créations personnelles antérieures qui se sont accumulées par habitude.

«Dans la Vie, l'activité de ressentir est l'élément le moins bien protégé de la conscience humaine. Cette activité est de l'énergie accumulée par laquelle les pensées se trouvent propulsées dans la substance atomique, et ainsi les pensées deviennent des choses.

«Je vous le dis, on ne peut trop insister sur la nécessité de *protéger ce que l'on ressent*, parce que gouverner ses émotions est ce qu'il y a de plus fondamental dans toute Vie, pour conserver l'équilibre du mental, la santé dans le corps, la réussite et le succès dans les affaires et l'environnement personnel de tout individu. Les pensées ne peuvent jamais devenir des choses tant qu'elles ne sont pas revêtues du 'ressenti'.

«L'Esprit-Saint est l'aspect 'ressentir' de la Vie - Dieu - l'Activité de l'Amour divin, l'expression maternelle de la Déité. C'est pourquoi la faute contre l'Esprit-Saint apporte tant de détresses; parce que toute discorde dans le monde des sentiments et des émotions brise la Loi d'Amour qui est la Loi d'Équilibre, d'Harmonie et de Perfection. Le plus grand crime dans l'Univers contre la Loi d'Amour est cette habitude humaine de générer presque continuellement toutes sortes de sentiments de destruction et d'irritation.

«Un jour la race humaine doit prendre conscience et reconnaître que les forces de ténèbres et de destruction qui se manifestent sur cette Terre et son atmosphère - et qui sont produites par ce que les humains pensent et ressentent - n'ont pu s'exprimer dans la vie des individus et des nations que par un manque de maîtrise dans les émotions quotidiennes des individus. Même les pensées destructrices ne peuvent pas se transformer en actions, événements ou choses sans passer par le monde des sentiments; car c'est à ce niveau de la manifestation qu'a lieu l'union de l'atome physique et des formes-pensées.

«Tout comme le bruit d'une violente explosion traumatise le système nerveux de celui qui l'entend, déclenchant une sensation de tremblement dans la structure cellulaire de son corps, pareillement, les éclats de sentiments d'irritation traumatisent, perturbent et désorganisent la substance subtile de la structure atomique du mental, du corps et de l'environnement de toute personne qui les produit *consciemment* ou *inconsciemment*, intentionnellement ou non.

«Ce sont les sentiments discordants qui produisent les conditions appelées vieillissement, perte de mémoire, et tous les autres échecs de l'expérience humaine. L'effet sur la structure du corps est semblable à celui que produiraient, sur un édifice de briques, d'énormes coups répétés jour après jour. Ces coups répétitifs déséquilibreraient les particules de ciment; l'édifice finirait par s'écrouler et deviendrait une masse chaotique et sans forme. C'est exactement ce que fait *continuellement* la majorité des humains à la structure atomique de leur corps.

«Donner libre cours à des pensées et à des sentiments discordants constitue la voie de moindre résistance, l'attitude habituelle de l'individu non développé, non discipliné et entêté, qui refuse de comprendre la 'Loi de son Être' et refuse de prendre en main son moi personnel - son instrument d'expression - afin qu'il obéisse à cette 'Loi'.

«Celui qui ne peut pas ou ne veut pas gouverner ses pensées, ses sentiments et ses émotions se trouve dans une mauvaise voie; parce que toutes les portes de sa conscience sont grand ouvertes aux activités destructrices générées par le mental et les émotions des autres personnalités. Cela ne demande ni force, ni sagesse, ni préparation pour céder aux impulsions de malveillance et de destruction, et les adultes qui agissent ainsi ne sont que des débutants dans le développement de leur maîtrise de soi.

«C'est une véritable malédiction pour la Vie de l'humanité que si peu de contrôle des émotions soit enseigné aux individus de l'enfance à la vieillesse. L'*attention* sur ce point spécifique est le plus grand besoin du monde occidental actuel. Il est facile de donner libre cours aux pensées, aux sentiments et aux activités discordantes, parce que la masse de l'humanité se trouve comme engloutie par un ensemble de conditions et d'associations entièrement créées par elle.

«Par le contrôle de sa conscience extérieure et par l'usage de sa libre volonté, chacun doit faire l'effort requis pour se sortir de ces conditions, de façon à transcender ces limites *une fois pour toutes*. Et personne ne peut espérer débarrasser son milieu personnel et sa vie des malheurs, de la discorde et de la destruction, tant qu'il ne tient pas en bride ses propres pensées et ses sentiments. En le faisant, il refuse de laisser la Vie, qui s'écoule à travers son mental et son corps, se colorer des discordes résultant de chaque petit événement perturbant du monde qui l'entoure.

«Au début, une telle discipline demande un effort déterminé et continu; parce que les pensées et l'activité de ressentir de quatre-vingt-quinze pour cent de l'humanité sont aussi agités qu'un petit chien fou.

«Cependant, peu importe l'effort nécessaire pour prendre en main ces deux activités, cela vaut vraiment le temps, l'énergie et l'effort qu'on y consacre, et aucune *véritable maîtrise permanente* de sa Vie et de son monde individuel n'est possible sans cela. Il me fera grandement plaisir de vous enseigner l'utilisation de ces Lois Suprêmes de l'Univers. Leur mise en pratique vous permettra de libérer la véritable Sagesse et de manifester toute Perfection.

«La première étape vers la maîtrise de vous-même consiste à apaiser *toute activité extérieure* du mental et du corps. Quinze à trente minutes de cette pratique, le soir avant de vous coucher, et le matin avant de commencer vos activités habituelles, fera des merveilles pour toute personne qui fournira l'effort nécessaire.

«La seconde étape: assurez-vous que personne ne vous dérangera, et, après être devenu très tranquille, visualisez et *ressentez* votre corps enveloppé d'une Lumière blanche étincelante. Durant les cinq premières minutes, tout en maintenant cette image, acceptez et *ressentez intensément* le lien entre votre moi extérieur et la Présence intérieure de l'Être Suprême en vous, tout en centrant votre attention sur le centre du Coeur, le visualisant comme un Soleil d'Or.

«Pour l'étape suivante, affirmez: "Maintenant, j'accepte joyeusement la plénitude de la Présence de l'Être Suprême - le Pur Christ". Ressentez la *grande luminosité* de la 'Lumière', et *intensifiez*-La dans toutes les cellules de votre corps pendant encore au moins dix minutes.

«Enfin, clôturez la méditation par le décret: *Je Suis Enfant de la 'Lumière' - j'aime la 'Lumière' - je sers la 'Lumière' - je vis dans la 'Lumière' - je suis protégé, illuminé, comblé, soutenu par la 'Lumière' - et je remercie la 'Lumière'*.

«Rappelez-vous toujours ceci: 'On devient *cela* sur quoi on médite', et puisque tout provient de la 'Lumière', la 'Lumière' est la Perfection Suprême et Elle contrôle toutes choses.

«La *contemplation* et l'*adoration* de la 'Lumière' manifestent l'*illumination* du mental, la santé, la force et l'ordre dans le corps, et la paix, l'harmonie et le succès dans la vie de toute personne qui les pratiquera vraiment et avec continuité.

«Au cours des siècles, dans toutes les époques et toutes les conditions, ceux qui ont exprimé les plus grandes victoires de la Vie nous disent constamment que la 'Lumière' est Suprême, que la 'Lumière' est partout et que la 'Lumière' se trouve en toutes choses.

«Cette Vérité est aussi exacte aujourd'hui qu'elle l'était il y a un million d'années. Aussi loin que remontent les traces de l'humanité, les sages et les grands maîtres de tous les temps sont représentés entourés d'un rayonnement de 'Lumière' émanant de leur tête et de leur corps.

«Cette Lumière est *réelle*, tout aussi *réelle* que la lumière dans vos maisons. Le jour approche où des appareils seront construits pour révéler à la vue l'émanation de la 'Lumière' autour des personnes. Ces instruments permettront aussi de voir la contamination ou décoloration qui forme un nuage autour de la 'Lumière' de Dieu, et qui est générée par les pensées et les sentiments discordants du moi personnel. C'est la seule et unique manière par laquelle le grand Courant de Vie Divine est mal utilisé et négativement coloré.

«Si vous faites fidèlement cet exercice et que vous le ressentez dans chaque atome de votre mental et de votre corps avec une très grande *intensité*, vous recevrez toutes les preuves nécessaires de l'Activité, de la Puissance et de la Perfection extraordinaires qui existent et agissent constamment à l'intérieur de la 'Lumière'. Lorsque vous aurez vécu cela, ne serait-ce qu'un court instant, vous n'aurez plus besoin d'autres preuves. Vous devenez vous-même votre preuve. La 'Lumière' est le Royaume. Entrez-y et SOYEZ en paix. Retournez à la maison du Père. Après avoir pratiqué cet exercice pendant dix jours, il est bien de le faire trois fois par jour: matin, midi et soir.

«On entend souvent des gens se plaindre: "Oh! je ne peux pas donner tout ce temps". À tous ceux qui pensent ainsi je dis simplement: si le temps que la personne ordinaire passe à critiquer, à condamner et à blâmer les individus, les conditions et les choses parce qu'ils ne sont pas autrement que ce qu'ils sont, si ce temps était plutôt consacré à reconnaître et à pratiquer la 'Lumière', le ciel se manifesterait sur Terre pour la personne qui ose le faire et qui possède une détermination suffisante pour continuer sans abandonner. Rien n'est impossible. La 'Lumière' ne faillit jamais.

«La 'Lumière' est le moyen dont Dieu se sert pour créer et maintenir l'Ordre, la Paix et la Perfection à travers Sa Création. Tout être humain sur cette Terre peut disposer de tout le temps dont il a besoin pour pratiquer cette instruction lorsque son *désir* est suffisamment intense. L'*intensité* même du désir réorganisera sa situation, les conditions et les choses de manière à lui offrir ce temps libre, pourvu qu'il désire *sincèrement* utiliser ce temps pour son progrès vers le Haut. Aucune personne au monde n'est une exception à cette Loi; parce que le désir intense d'entreprendre quelque chose de constructif - lorsque l'*intensité* est suffisamment grande - est la Puissance même de Dieu qui libère l'énergie nécessaire pour créer et manifester ce qui est désiré.

«Tout le monde possède ce suprême privilège d'établir le contact avec la Présence de Dieu-Maître-de-Tout, et c'est la seule Puissance qui a pu dans le passé, peut aujourd'hui ou pourra à l'avenir élever le moi personnel et son environnement au-dessus des discordes et des limitations terrestres.

«Mon Fils bien-aimé, appliquez cette instruction avec une inflexible détermination, et sachez que *l'Être Suprême en vous est votre Victoire certaine.*»

Quand il eut terminé, je commençai à me rendre compte qu'il devait s'agir de l'un de ces Maîtres ayant fait son Ascension. Car non seulement m'avait-il donné la preuve de sa Maîtrise sur les éléments par voie de précipitation, mais, de plus, il m'avait instruit et éclairé d'une manière transcendante. Je m'assis, me demandant comment il pouvait me connaître.

«Mon Fils, dit-il, répondant instantanément à mes pensées, je vous connais depuis des millénaires. En élevant votre mental par votre effort conscient, vous avez aujourd'hui rendu ma venue possible. Bien que j'aie été constamment en contact avec vous dans nos corps subtils, votre effort conscient pour rejoindre l'un des Maîtres d'Ascension vous a ouvert la voie pour que je vienne à vous d'une manière bien plus tangible, c'est-à-dire tangible pour vos sens physiques.

«Je vois que dans votre conscience extérieure vous ne me reconnaissez pas vraiment. J'étais présent à votre naissance, au décès de votre mère, et je fus l'instrument pour vous guider vers Lotus - au bon moment - afin de ne pas retarder votre avancement. J'ai également contribué à votre association avec votre fils dans cette existence. Cependant, soyez patient.

«Asseyez-vous paisiblement quelques instants, regardez-moi attentivement, et je vais me révéler à vous.» C'est ce que je fis. Au bout d'environ une minute, je vis son visage, son corps et son vêtement devenir la 'Présence' vivante, tangible et qui respire du Maître d'Ascension Saint Germain qui souriait de voir mon étonnement, tout en appréciant ma surprise. Il se trouvait là, devant moi, figure Splendide et Divine, vêtu d'une tunique blanche étincelante. De ses yeux jaillissaient un Amour et une Lumière qui révélaient et prouvaient Son Autorité et Sa Grandeur.

«Ceci, dit-il, est le corps dans lequel je fonctionne très souvent lorsque je m'occupe du bien-être de l'humanité, à moins que mes responsabilités du moment ne me demandent un contact plus étroit avec les affaires du monde extérieur. Dans ce cas, je donne à mon corps les caractéristiques et le vêtement de la nation où je sers alors.»

«Oui, dis-je, maintenant je vous reconnais, car souvent je vous ai vu ainsi sur les Plans Intérieurs de conscience.»

«Mon Fils, m'expliqua-t-il, ne voyez-vous pas ce que signifie la *véritable maîtrise*? Nous, dans l'Octave des Maîtres d'Ascension, pouvons contrôler la structure atomique de notre monde de la même manière qu'un potier maîtrise son argile. Tous les électrons et tous les atomes de l'Univers obéissent à nos ordres et à nos désirs, grâce à la Puissance de Dieu qui nous permet de les contrôler, et dont *nous avons gagné le droit* d'être les Commandeurs.

«Dans son état non libéré, l'humanité s'étonne de ces choses; mais je vous le dis, pour nous cela ne demande pas plus d'effort pour changer l'apparence et l'activité de nos corps qu'il en faut aux humains pour changer de vêtements. La condition déplorable de la conscience humaine, et qui enferme les individus dans des limites qu'ils ont eux-mêmes générées, est leur attitude d'esprit: soit qu'ils aient peur ou ridiculisent ce qu'ils ne comprennent pas; ou, pire encore, que par ignorance ils disent: "Cela est impossible". Une chose peut paraître improbable dans certaines conditions humaines, mais l'Être Suprême individualisé, qui est la grande 'Lumière', peut changer toutes ces conditions humaines de sorte que rien n'est impossible.

«À l'intérieur de chaque être humain se trouve la Flamme de Vie Divine, et cet Être Suprême individualisé est Maître de tout, partout où il va dans l'Univers. Si, à cause de son inertie mentale, l'être humain n'applique pas l'effort suffisant pour réajuster ses vieilles habitudes mentales et physiques, il poursuit ses existences, enchaîné à ses créations personnelles. Par contre, si l'individu choisit de connaître l'Être Suprême qui est en lui, et s'il ose donner à cet Être Suprême individualisé le contrôle complet de ses activités extérieures, il recevra à nouveau la connaissance de sa Maîtrise sur toute substance. Connaissance qu'il possède depuis le commencement.

«C'est maintenant le temps où de plus en plus de gens se réveillent rapidement, et ils doivent absolument réussir à comprendre qu'ils ont vécu maintes et maintes fois, des centaines, parfois des milliers d'existences, chaque fois dans un nouveau corps physique.

«La Loi de retour dans un corps physique est cette activité de l'évolution humaine qui offre à l'individu l'occasion de rétablir un équilibre dans les situations qu'il a *consciemment* déséquilibrées. Ce n'est là qu'une activité de la loi de compensation - de cause et d'effet - que l'on pourrait appeler 'processus automatique d'équilibrage', et qui gouverne toutes les forces de l'Univers. La compréhension juste de cette Loi fournit l'explication d'une multitude de conditions de l'existence humaine qui, autrement, sembleraient totalement injustes. C'est la seule explication logique aux innombrables complexités et aux multiples expériences du monde humain, et elle révèle le fonctionnement de la Loi sur laquelle repose la manifestation entière. Vous comprenez ainsi que le hasard ou les accidents n'existent pas. Tout est régi directement par la Loi exacte et Parfaite. Toute expérience de conscience a une cause antérieure, et toute activité présente est la cause d'un effet à venir.

«Si, dans une existence, un homme a nui à une femme, il devra retourner dans un corps féminin et vivre la même expérience jusqu'à ce qu'il comprenne le tort qu'il a fait subir. Il en est de même quand une femme fait du tort à un homme. C'est l'unique manière par laquelle l'individu est obligé de - ou plutôt, s'oblige lui-même à - vivre les causes et les conséquences de tout ce qu'il a créé dans son univers individuel. Chacun peut créer et expérimenter tout ce qu'il veut dans sa vie personnelle; mais s'il choisit de faire aux autres ce qui leur apportera la discorde, alors il s'oblige à vivre des conditions semblables jusqu'à ce qu'il comprenne l'effet de sa création personnelle sur le reste de la Vie universelle.

«Venez avec moi, et revoyons l'existence durant laquelle vous viviez en France dans un corps féminin. Vous étiez alors une chanteuse accomplie dont la voix était d'une rare beauté et d'une rare puissance.»

Instantanément, sans le moindre effort de ma part, je me trouvai à côté de mon corps physique qui reposait sur le sol. Je me demandai s'il serait en sécurité sur le flanc de la montagne. Répondant à ma pensée, Saint Germain me dit:

«Ne soyez pas inquiet. Rien au monde ne pourra nuire à votre corps lorsque nous serons partis. Regardez!»

Instantanément, une Flamme blanche circulaire d'environ quinze mètres de diamètre l'entourait. Saint Germain plaça son bras droit autour de moi, et je vis que nous nous élevions rapidement au-dessus du sol. Je m'ajustai à sa vibration. Je ne ressentais aucun effet de déplacement, et pourtant nous étions déjà au-dessus d'un village de France méridionale. Saint Germain continua:

«C'est ici que vous étiez né, fille unique d'une belle femme dont la vie était un exemple d'idéalisme très en avance sur son temps. Votre père était un mari et un compagnon des plus dévoués, très cultivé et pénétré de l'esprit des premiers Chrétiens.

«L'éther atmosphérique de tout endroit enregistre tout ce qui s'y est déjà passé. Je vais revivifier ces Registres éthériques, et vous allez voir les images vivantes montrant tous les détails de votre existence d'alors.

«Vous chantiez à l'église de ce village et vous avez étudié avec une femme qui persuada vos parents de lui confier votre formation. Vous avez fait des progrès rapides et avez grandement bénéficié de leur déménagement à Paris. Après une année d'études intenses, vous avez pu chanter devant la reine de France et, grâce à son appui, vous vous êtes produit dans plusieurs de ses salons. Durant les cinq années suivantes, la France vous a comblé de succès, et vous avez accumulé de grandes richesses. Et puis, soudainement, vos parents sont décédés. Ce fut pour vous un choc profond suivi d'une grave maladie qui dura plusieurs semaines. Après votre guérison, vous avez repris vos tournées de chant. À la suite de votre récente et douloureuse expérience, une qualité nouvelle de compassion habitait votre voix.

«Un homme, qui vous avait guidé durant vos études musicales, devint le directeur de vos affaires. Il avait votre entière confiance. Soudainement, après quatorze années de brillant succès, vous êtes tombé malade et, en moins d'une semaine, vous êtes décédé. À peine les funérailles terminées, cet homme changea du tout au tout. La cupidité s'empara de lui. Je vais maintenant vous montrer cet homme que vous avez rencontré il y a quelques années en Amérique dans cette vie. Je suis certain que vous vous rappellerez cet incident survenu dans vos affaires.»

C'est alors qu'il me fit voir une association de bienfaisance que j'avais mise sur pied alors que je me trouvais dans l'Ouest il y a dix ans. Dans cette affaire, j'étais en relation avec un représentant du gouvernement belge. Saint Germain continua: «Cet homme a eu l'occasion de réparer le tort qu'il vous avait fait en France. La situation lui a été montrée, mais il ne fut pas suffisamment fort pour laisser agir la grande Loi cosmique de Justice et rééquilibrer sa dette. S'il l'avait fait de son plein gré, cela l'aurait libéré, et bien des portes se seraient ouvertes pour qu'il avance rapidement dans cette existence.»

C'est ainsi que la vie extérieure maintient l'individu enchaîné à la roue de la nécessité, des renaissances, des luttes continuelles et de la souffrance, jusqu'à ce qu'il *laisse* la 'Lumière du Christ intérieur' l'illuminer et le purifier, afin qu'il réponde au Plan de Dieu qui est: Amour, Paix et Perfection pour Sa Création. C'est le genre de leçon qu'on n'oublie jamais parce que l'enseignement objectif enregistre l'expérience dans la *vision* et dans le mental. Ce qui est gravé dans la vision est plus profond et reçoit ainsi plus d'attention de la part de l'intellect.

L'essence même de cet événement oublié depuis longtemps s'est certainement gravée dans ma mémoire de façon permanente, car je m'en rappelle aujourd'hui chaque détail avec autant de clarté que lorsque je l'observais avec Saint Germain.

«Maintenant, rappelons une autre de vos existences, en Égypte cette fois», dit-il.

Prenant de l'altitude, nous avancions rapidement. Je vis très bien les eaux superbes de la Méditerranée. Nous allâmes jusqu'à Karnak et Louxor où nous nous arrêtâmes.

«Observez attentivement, me dit-il. Voici la trace d'un très ancien temple de Louxor, bien plus ancien que ceux que les archéologues ont découverts dernièrement. S'ils cherchaient au bon endroit, ils trouveraient des temples splendides, dans un état de conservation presque parfait.»

M'indiquant un certain champ de ruines encore visibles aujourd'hui, la scène devint celle du monde éthérique, révélant une beauté et une splendeur qui dépassent tout ce qu'il est possible d'imaginer aujourd'hui. De grands piliers de marbre blanc et de granit rose entouraient les jardins et les étangs. Tout le secteur devint une réalité vivante et vibrante, tout aussi tangible que n'importe quelle ville contemporaine. Cela était tellement naturel et normal que je lui demandai comment il rendait ces scènes si vivantes.

Il me dit: «L'homme et ses créations, de même que la Nature, possèdent un double éthérique - une structure - qui s'imprime définitivement sur l'atmosphère environnante, partout où il va. Le registre éthérique des événements et de la vie d'un individu se trouve dans son aura en tout temps. Une mémoire similaire existe dans l'aura de toute localité. S'il le désire, un Maître d'Ascension peut réactiver ou revivifier le registre éthérique d'événements antérieurs, où que se trouve la personne, parce que la structure éthérique sur laquelle le Maître cristallise la substance atomique est constamment présente dans l'aura de cette personne. Lorsqu'il revivifie le registre éthérique d'un endroit donné, le Maître doit le faire à l'endroit en question, parce que cette substance mémoire devient alors la forme vivante identique à ce qu'elle était autrefois dans le monde physique.

«C'est ainsi qu'un Maître d'Ascension peut recristalliser la structure physique de constructions entières et de leur environnement. Après avoir atteint une telle Maîtrise, qui seule vient de Dieu, une personne peut réactiver et revivifier n'importe quel Registre éthérique afin de le rendre visible, pour le plus grand bienfait des étudiants de la Vie, et des autres. À ce moment-là, la manifestation est *aussi réelle que le monde extérieur* lui-même, et l'observateur peut photographier, manipuler et toucher physiquement les objets ainsi revivifiés.

«Remarquez, me rappela-t-il, que vous vivez ces expériences dans votre corps subtil, mais elles n'en sont pas moins *réelles* pour cela, parce que votre corps physique n'est qu'un vêtement que vous, l'individu Soi-conscient, pensant et actif, portez.

«C'est comme si vous portiez un gros manteau en hiver et une tenue légère durant les chaleurs d'été. Les événements vécus dans votre tenue d'été ne seraient certainement pas moins *réels* que ceux vécus dans un gros manteau d'hiver. J'attire votre attention là-dessus afin que vous puissiez comprendre les possibilités infinies des activités de la Vie.» Nous avons ensuite observé les jardins, la campagne voisine et l'architecture.

«Venez, entrons», dit-il. Il s'avança et entra par la porte principale du temple. C'est alors que nous devînmes les *acteurs* vivants et, simultanément, les *observateurs* des événements suivants. Nous nous rendîmes jusqu'au Sanctuaire intérieur. Le grand Prêtre se dirigea vers nous comme s'il me connaissait. «Cet ancien Prêtre est aujourd'hui votre fils», me dit Saint Germain. Un second prêtre apparut, et j'eus immédiatement le sentiment de le connaître.

«Ce second prêtre, c'était vous.» Nous pénétrâmes dans le Sanctuaire intérieur et vîmes la Vestale, gardienne du Feu Sacré. C'est aujourd'hui Lotus, ma Flamme Jumelle bien-aimée, que je rencontrai et épousai il y a quelques années, et qui est la mère de notre fils.

La scène changea, et voici qu'apparut un prince de passage originaire d'une lointaine province, dont le plan était de s'emparer de la Vestale pour l'épouser. Tout semblait aller bien pour lui jusqu'au moment où le grand Prêtre reçut la vision de ce qui allait se produire. Celui-ci fut troublé, mais il demeura calme. Il était sur ses gardes et surveillait les esclaves du prince qui s'approchaient du Sanctuaire. Comme ils continuaient, il s'avança et leur dit un mot signifiant: «Arrêtez!»

L'un des esclaves, plus audacieux que les autres, avança encore. Le grand Prêtre l'avertit de reculer, mais il avançait toujours. Dès qu'il eut atteint un certain Cercle de force qui émanait de l'autel, le prêtre n'hésita plus. Il se plaça hors de ce Rayonnement protecteur et leva la main droite en la pointant directement vers l'esclave. Une Flamme jaillit comme un éclair, et l'esclave tomba mort sur le sol. Enragé, le prince s'avança.

«Arrêtez!», ordonna encore une fois le prêtre, avec une voix de tonnerre. Abasourdi par la puissance de sa voix, le prince se montra hésitant, et le prêtre dit: «Écoutez! Vous ne souillerez pas le don le plus cher de Dieu à ce temple de Vie. Partez, avant que vous ne subissiez le sort de votre malheureux esclave.»

Le grand Prêtre était pleinement conscient de la Puissance qu'il détenait, et, pendant qu'il observait le prince, il était l'incarnation même de la maîtrise de soi; il possédait une force colossale qu'il contrôlait totalement par sa volonté. Il était la Majesté même, couronnée de l'éternelle Puissance.

Le prince aussi avait une volonté forte, mais aucune maîtrise de soi. Enragé de ne pouvoir donner libre cours à ses appétits, il se précipita vers la Vestale. Rapide comme l'éclair, le prêtre leva la main. La Flamme jaillit pour la seconde fois, et le prince subit le sort de son esclave. Se tournant vers moi, Saint Germain me commenta l'événement.

«Voyez-vous, c'est ainsi que la coloration contenue dans toute force réagit sur celui qui l'envoie. Le prince et son esclave sont venus avec une coloration de haine, d'égoïsme et de déchéance dans leurs sentiments. Aussi, lorsque le prêtre dirigea vers eux la force dont il était maître, celle-ci prit la coloration correspondante en touchant leur aura. Il ne fit que retourner vers eux la coloration négative contenue dans ce qu'ils ressentaient. Dans son effort pour protéger la Vestale, le prêtre fut lui-même protégé.»

Après cet événement, la scène remarquable s'évanouit, et nous étions à nouveau au milieu des ruines du temple. Saint Germain m'en dit davantage, mais je ne peux le rapporter.

«Il n'existe qu'un moyen, dit-il, pour éviter la roue cosmique de cause et d'effet - la nécessité de retourner dans un corps mortel - et c'est de fournir l'effort conscient pour comprendre la Loi de Vie. Il faut rechercher sincèrement l'Être Suprême intérieur, établir un contact permanent et conscient avec cet 'Être Divin intérieur', et demeurer en Union avec Lui *quelles que soient les conditions* de la vie extérieure. Ce sera pour moi un plaisir et un privilège de vous en montrer plus, mais uniquement pour votre instruction et celle des autres. Venez! Il nous faut rentrer». Une fois près de mon corps, il me dit encore:

«Regardez le cercle de Feu blanc disparaître!» Il disparut aussitôt. Un instant plus tard, je réintégrais mon corps. Le soleil se couchait, et je savais qu'il serait environ minuit une fois chez moi.

«Placez votre bras autour de mon épaule, me dit Saint Germain, et fermez les yeux.» Je sentis que mon corps quittait le sol, mais je n'étais pas particulièrement conscient du mouvement. Maintenant, mes pieds touchaient terre: j'étais chez moi. Cela amusa beaucoup Saint Germain que je lui demande comment nous pouvions nous déplacer ainsi sans attirer l'attention des gens de la région. Il me dit: «Très souvent, lorsque nous nous déplaçons parmi les humains, nous entourons nos corps d'un manteau d'invisibilité.» Une seconde plus tard, il avait disparu.

J'avais déjà entendu parler des grands Maîtres d'Ascension qui peuvent emmener leur corps avec eux partout où ils vont, et rendent visible tout ce qu'ils désirent, directement de la Substance Universelle. Cependant, entrer en contact avec l'un d'eux était une tout autre affaire, et j'essayais de prendre conscience de la merveille de ce que je venais de vivre. De toute évidence, pour Saint Germain c'était une chose bien ordinaire.

Je m'assis et entrai dans une longue et paisible contemplation, rempli d'une gratitude extrême, essayant de comprendre pleinement son explication de la 'Loi' concernant le désir. Il insista sur son importance et son activité en tant que puissance de réalisation pour faire jaillir de nouvelles idées qui aboutissent nécessairement à une expansion de conscience dans la Vie de tout individu. Il l'avait formulée ainsi:

«Le Désir constructif est l'activité d'expansion de la Vie. C'est le seul moyen qui permet à de grandes idées et à des activités nouvelles d'aboutir à la manifestation dans le monde extérieur de la substance et de la forme. Tout *Désir juste* contient sa puissance de manifestation. L'être humain est enfant de Dieu. Le Maître Universel lui ordonne de choisir la direction qu'il donnera à l'Énergie de Vie, et de choisir la coloration qu'il souhaite voir s'exprimer par la manifestation de son désir. Il *doit* le faire, car sa libre volonté est son droit de naissance.

«La fonction de l'activité extérieure de l'intellect consiste à orienter *toute* expansion dans des chemins constructifs. C'est la raison d'être et le devoir du moi extérieur. Utiliser uniquement la grande Vie, l'Énergie de Dieu, pour satisfaire les désirs des sens - l'habitude de la majorité des humains - est une activité destructrice qui conduit toujours et *sans exception* à la discorde, à la faiblesse, à l'échec et à la destruction.

«L'utilisation constructive du désir consiste à *orienter consciemment* l'Énergie illimitée de Dieu par la Sagesse. Tout désir gouverné par la Sagesse véhicule un bienfait à l'ensemble de la création. Tout désir gouverné par l'Être Suprême intérieur rayonne un sentiment d'Amour; c'est un bienfait pour tous.» Durant les jours qui suivirent, je rapportai ces événements par écrit. Puis, un beau matin à mon réveil, je trouvai une carte dorée sur ma table de chevet. Elle paraissait être d'or pur. Une courte phrase y était gravée en belles lettres script de couleur violette: «Soyez à notre lieu de rendez-vous sur la montagne à sept heures du matin», signé «Saint Germain.»

Je rangeai soigneusement cette carte. Je me sentais presque impatient de le revoir. Tôt le lendemain matin, en préparant mon repas, il me vint clairement à l'esprit de ne rien prendre avec moi. J'obéis, faisant *confiance* que mes besoins seraient directement comblés à même la Source Universelle.

Le coeur léger, j'étais bientôt en route et déterminé à poser toutes les questions possibles, si du moins c'était permis. Plus je me rapprochais de l'endroit convenu, plus mon corps était léger; à environ quatre cents mètres du but, c'est à peine si mes pieds touchaient terre. Ne voyant personne, je m'assis sur un tronc d'arbre pour attendre Saint Germain. Bien qu'ayant parcouru une quinzaine de kilomètres, je ne ressentais aucune fatigue.

Alors que je pensais à tous les bienfaits dont j'étais comblé, j'entendis une branche craquer et je regardai autour m'attendant à le voir. Imaginez ma surprise lorsque, à environ quinze mètres, je vis qu'une panthère se dirigeait doucement vers moi. Mes cheveux durent se dresser sur ma tête; je voulus courir, crier, faire n'importe quoi, tant le sentiment de peur qui m'habitait était terrible. Mais bouger n'aurait servi à rien: un seul bond de la panthère m'eût été fatal. J'avais la tête qui tournait tellement j'avais peur. Pourtant, une idée se présenta clairement à moi et retint toute mon attention. Je pris conscience que la 'Présence' de l'Être Suprême est en moi, et que cette 'Présence' est tout Amour. Ce magnifique animal faisait également partie de la Vie de Dieu. Je me mis à le regarder droit dans les yeux. Me vint alors la pensée qu'une partie de Dieu ne pouvait pas nuire à une autre partie de Dieu. Je n'étais conscient que de ce fait.

Un profond sentiment d'Amour s'empara de moi et jaillit comme un Rayon de Lumière directement vers la panthère: ma peur disparut aussitôt. Sa démarche menaçante cessa. Je m'avançai lentement vers elle, ressentant l'Amour de Dieu qui nous inondait tous les deux. La lueur maléfique de ses yeux s'évanouit, l'animal se redressa et s'approcha doucement de moi en frottant son épaule contre ma jambe. Je me baissai et lui caressai la tête. Elle me regarda un instant dans les yeux, puis s'allongea en roulant dans l'herbe comme un petit chat. Sa fourrure était superbe, d'un brun roux assez foncé. Son corps était long, souple et très puissant. J'étais en train de jouer avec elle lorsque, levant les yeux, je vis que Saint Germain était près de moi.

«Mon Fils, dit-il, j'ai vu votre grande force intérieure, ou je n'aurais pas permis un tel test. Vous avez vaincu la peur. Félicitations! Si vous n'aviez pas maîtrisé le moi extérieur, je n'aurais pas laissé la panthère vous blesser, mais notre association aurait cessé temporairement. Je n'ai rien fait pour que cette panthère soit là. C'était simplement l'Activité intérieure de la Grande Loi, comme vous le verrez avant que votre nouvelle amie vous quitte. Maintenant que vous avez réussi le test du courage, je peux vous aider davantage. De jour en jour, vous deviendrez plus fort, plus heureux, et vous rayonnerez une liberté plus grande.»

Il tendit la main, et aussitôt apparurent quatre petits biscuits carrés d'un beau brun doré, d'environ cinq centimètres chacun. Il me les offrit, et, sur son invitation, je les mangeai. Ils étaient vraiment délicieux. Immédiatement, une sensation vivifiante et rafraîchissante me traversa tout le corps, m'apportant une sensation nouvelle de santé et de clarté d'esprit. Saint Germain s'assit près de moi et commença mon instruction.

Chapitre 2

Le désert du Sahara

lutôt que de quitter votre corps comme précédemment, aujourd'hui nous utiliserons la projection de Conscience, me dit Saint Germain, plaçant le pouce de sa main droite entre mes yeux, et les autres doigts sur le dessus de ma tête. La sensation d'un puissant courant électrique me traversa tout le corps. Enlevant sa main, il me dit:

«Je désire que vous gardiez fermement à l'esprit, en vous le rappelant souvent, que les Lois que je vous explique et que je vous apprends à utiliser ont pour but de vous conduire à un état de Maîtrise consciente sur toutes les forces et toutes les choses de cette Terre. En d'autres mots, quelles que soient les conditions, vous demeurez à chaque instant totalement conscient et maître de votre mental et de votre corps, et capable d'utiliser votre libre volonté en *tout temps.*

«Dans cet état de projection de Conscience, vous êtes complètement conscient et demeurez pleinement maître de toutes vos facultés à chaque instant. Cette instruction et son application n'ont absolument rien à voir avec l'état d'hypnose ou de transe. En effet, dans les états d'hypnose ou de transe, la volonté consciente de l'individu ne fonctionne pas, ce qui constitue une activité très dangereuse et extrêmement néfaste pour *quiconque* la laisse entrer dans son mental et dans son corps.

«Il n'existe aucune Maîtrise ni Autorité conscientes dans les pratiques d'hypnose ou de transe, et elles sont fortement *destructrices* et *dangereuses* pour la croissance de l'Âme de celui qui les subit ou les provoque. Comprenez bien que votre contrôle conscient, votre Maîtrise et votre usage des forces et des choses de cette Terre devraient, en tout temps, être sous la direction de l'Être Suprême individualisé en vous, grâce à l'obéissance et à la coopération parfaite de toutes vos facultés mentales et physiques à Ses Directives intérieures.

«Il n'existe aucune Maîtrise possible sans cela, et ceux que vous appelez les Maîtres d'Ascension n'entravent *jamais, jamais,* la liberté de choix de l'individu, car ce libre arbitre est un don qui vient de Dieu.

«Si un Maître d'Ascension désire élever temporairement la conscience d'un étudiant, il peut lui faire connaître l'expérience de la projection de Conscience afin qu'il vive des événements se déroulant à différents endroits en même temps. Dans ce cas, les facultés de l'étudiant sont *totalement* contrôlées par son propre libre arbitre, à chaque instant. Il est pleinement conscient et actif où que se trouve son corps et, en particulier, à l'endroit où le Maître d'Ascension oriente son attention pour l'instruire.

«La raison pour laquelle un Maître d'Ascension élève temporairement la conscience de l'étudiant est de lui montrer qu'il peut aussi le faire par lui-même *consciemment*, à volonté, au moyen de son effort personnel. La projection de Conscience consiste uniquement à accroître le degré vibratoire de la structure atomique du mental et du corps de l'étudiant. Ceci se produit grâce au *Rayonnement* d'un Maître d'Ascension. C'est une activité de la 'Lumière' qui augmente le degré vibratoire jusqu'au niveau de la tonique qu'il établit pour l'expérience. À ce haut niveau vibratoire, on se sert de ses facultés d'ouïe et de vision tout comme dans la vie courante, sauf qu'elles se trouvent élevées à l'octave suivante qui est la zone au-dessus de l'humain.

«Cette utilisation des sens est identique à celle qui est vécue à chaque instant de l'état d'éveil, parce que nous pouvons être conscient de ce qui est proche et de ce qui est éloigné, exactement au même instant. L'expansion ou la contraction de la conscience dépend entièrement du désir de l'individu. Elle dépend toujours de la libre volonté et de l'autorité consciente de l'étudiant.

«Une personne peut *librement choisir* d'être consciente d'un certain arbre dans son jardin, ou du jardin tout entier. Dans les deux cas, elle se sert de la même faculté de vision, et elle s'en sert de la même manière. Lorsque la personne veut voir *tout* le jardin, elle élargit sa faculté de vision jusqu'à ce que le champ visuel soit conforme à son désir. Une expansion plus grande contient aussi la plus petite. Comme vous le voyez, vous devez être conscient de la *totale* Maîtrise que vous avez sur *toutes* vos facultés aux *deux* endroits en même temps. L'activité en question est réellement un agrandissement du champ de force à l'intérieur duquel agit la vision. Dans cette projection ou expansion de conscience, l'usage de votre faculté de vision se produit grâce à l'élévation du taux vibratoire dans le nerf optique. C'est exactement ce qui se passe lorsque vous utilisez des jumelles ou une lunette d'approche.

«Dans la vie ordinaire, la conscience humaine s'est habituée à employer ses facultés seulement dans les limites d'un champ de force donné. La preuve en est que vous pouvez entendre la voix d'une personne présente dans la même pièce que vous et qui vous parle, et que, *simultanément,* vous pouvez entendre la sonnerie d'un téléphone provenant d'une autre pièce. Toutes les facultés de l'activité extérieure sont élastiques. On peut s'en servir comme d'un microscope ou d'un télescope; cela dépend uniquement du *désir* et de la *volonté* de l'individu.

«Si donc vous êtes conscient d'un son dans la pièce où se trouve votre corps physique ainsi que du son provenant de deux ou trois pièces plus loin, selon un processus identique, par une expansion encore plus grande de cette faculté, vous pouvez entendre de beaucoup plus loin. Pour ce faire, il faut augmenter le degré vibratoire jusqu'à ce qu'il atteigne la zone éloignée.

«En contemplant cette grande Activité intérieure de Dieu, ne voyez-vous pas que les sens extérieurs se fondent *parfaitement* et *naturellement* dans l'Activité Intérieure, et ce qui était deux devient *Un.*

«Cette activité de conscience peut être appliquée à *tous* les autres sens, ce qui inclut les facultés d'ouïe et de vision. Ce processus d'élévation est naturel, normal et harmonieux. C'est aussi simple que de syntoniser vos stations de radio sur une fréquence désirée. Les ondes radio et les ondes visuelles et sonores appartiennent à la même activité. Le son contient la couleur, et la couleur contient le son. Dans leur vie, les êtres humains peuvent entendre les couleurs et voir les sons, pourvu qu'ils deviennent suffisamment *calmes.*

«À l'intérieur de certaines zones ou octaves, les vibrations s'inscrivent sur le nerf optique et elles produisent ce qu'on appelle la vue. D'autres s'inscrivent sur les nerfs de l'oreille et donnent ce qu'on appelle l'ouïe. Une personne ordinaire ne voit que les objets dont le degré vibratoire agit à l'intérieur de certaines octaves limitées par l'infra-rouge et l'ultraviolet. Grâce au Rayonnement d'un Maître d'Ascension, la structure atomique du cerveau et celle de l'oeil vibrent suffisamment vite pour atteindre l'Octave située au-delà de l'humain.

«Cette expansion peut rejoindre des octaves bien plus élevées, soit par le Rayonnement du Maître ou sur l'intervention de l'Être Suprême présent dans l'individu. Plusieurs personnes, sans le vouloir, vivent de telles expériences, comprenant rarement leur signification ou leur origine. C'est ce qui se produit lorsqu'elles connaissent des moments de Conscience transcendante, ou des moments de profonde inspiration, bien qu'elles reconnaissent rarement l'aide reçue.

«La projection de Conscience ou de Vision n'a rien à voir avec les images mentales produites par ces suggestions qui existent uniquement dans le mental des autres humains. Ces pensées et ces images sont imprimées directement dans le mental de l'autre personne par celui qui envoie la suggestion. C'est comme réfléchir l'image du soleil dans un miroir et la renvoyer sur un mur.

«L'activité de suggestion est aussi différente de la projection de Conscience que le fait de penser à un endroit est différent de s'y trouver physiquement. La projection est *vivante, tangible, réelle*, tout comme lorsque votre corps vit quelque chose, parce qu'il s'agit de l'action de l'Être Suprême en vous avec lequel le Maître qui a fait son Ascension est UN - Le Suprême.»

Saint Germain et moi-même devînmes alors les observateurs et les acteurs d'une scène très ancienne. Encore une fois, j'étais extérieurement conscient de vivre les événements qu'il me montrait, tant par la pensée, que par le sentiment et l'action. Le processus était aussi naturel et normal que la respiration. La seule sensation inhabituelle était celle d'une plus grande liberté et d'une grande maîtrise. Tandis qu'il réactivait le Registre éthérique, nous devînmes très paisibles, et mon instruction commença.

«Voici le désert du Sahara, dit-il, alors qu'il était une terre fertile au climat semi-tropical.» De nombreux cours d'eau irriguaient les terres partout. Au centre de cet empire se trouvait la capitale, célèbre dans le monde entier pour sa splendeur. Les édifices gouvernementaux se trouvaient au centre sur une petite colline, et, de là, la ville s'étendait uniformément dans toutes les directions.

«Cette civilisation, continua-t-il, atteignit son apogée

il y a soixante-dix mille ans.»

En entrant dans la ville, on ressentait une activité rythmée inhabituelle qui donnait, en marchant, une curieuse sensation de *légèreté*. Les gens se déplaçaient tous avec grâce et une grande facilité. J'en demandai la raison à Saint Germain. Il me dit:

«Ces gens se rappelaient totalement leur Source et se savaient des Enfants de Dieu; par conséquent, ils détenaient et maîtrisaient une puissance et une sagesse qui peuvent sembler miraculeuses et surhumaines. Pour dire vrai, il n'existe pas de miracles, car tout agit selon la Loi. Ce qui paraît miraculeux pour l'être humain d'aujourd'hui n'est que le résultat de l'utilisation des Lois auxquelles la conscience actuelle de l'humanité n'est pas habituée; cela lui semble donc étrange et curieux.

«Une fois la Réalité de la Vie correctement comprise, toute manifestation apparemment miraculeuse pour votre conscience actuelle devient tout aussi naturelle et tout aussi normale que d'assembler des mots pour celui qui connaît l'alphabet. Il s'agit simplement de l'activité de la manifestation de la Vie dans la forme, en expansion toujours croissante; et celle-ci se fait toujours selon l'action de la Loi de Vie qui est ordre, amour et paix. Peu importe qu'une expérience semble étrange, inhabituelle ou impossible pour l'intellect de l'humanité actuelle, cela n'est guère une preuve qu'il n'existe pas une grande Loi cosmique et une Intelligence supérieure produisant les splendeurs de la création qui nous entourent en tout temps.

«Pour cette Puissance et cette Intelligence Suprêmes, les connaissances des plus grands érudits de l'humanité du monde extérieur actuel sont comparables à la compréhension qu'un bambin peut avoir des hautes mathématiques.»

Dans l'un des édifices du groupe central, nous rencontrâmes des personnes habillées de vêtements vraiment splendides aux couleurs douces et rayonnantes, en harmonie avec la décoration intérieure. Nous servant de guide, l'un d'eux nous conduisit au bâtiment central et nous présenta au roi de ce grand peuple. Le roi était Saint Germain lui-même.

À ses cotés se tenait une très belle jeune fille. Ses cheveux étaient comme de l'or tressé et touchaient presque le sol. Ses yeux étaient d'un bleu violet très pénétrant. Elle rayonnait la Maîtrise et l'amour. Je lançai un regard interrogateur à Saint Germain, me demandant qui c'était. Il me répondit:

«Lotus.»

Près d'elle se trouvaient un jeune homme dans la vingtaine et un adolescent d'environ quatorze ans. Le jeune homme était celui que j'avais vu comme grand prêtre au temple de Louxor, et l'adolescent était le second prêtre. C'étaient les enfants du roi. Nous servions encore tous les quatre ensemble.

«Avec cet échantillon de vos vies passées, dit-il, mêlons-nous à l'activité de ces gens merveilleux. C'est intentionnellement que je dis merveilleux, vous allez bientôt voir pourquoi. La grande majorité d'entre eux avaient conservé le plein usage conscient de toute leur sagesse et de toute leur puissance d'Enfants de Dieu, et ils s'en servaient totalement, sachant bien d'où ils venaient et quel était leur héritage.

«Comme il se doit, le moi extérieur était simplement l'instrument de l'Être Suprême individualisé, et il n'était autorisé à faire que ce pour quoi il avait été créé. Naturellement, l'Être Suprême intérieur pouvait agir sans obstruction et, par conséquent, la perfection et les réalisations de cette époque furent tout simplement splendides.»

À l'époque de cette ancienne civilisation, tout l'empire était rempli d'une grande paix et d'un grand bonheur; l'abondance était omniprésente. Le Roi Empereur était l'un des 'Maîtres de l'Ancienne Sagesse' et un véritable 'Porte-Lumière'. Il gouvernait par la 'Lumière', et son empire était l'exemple vivant de la Perfection.

Saint Germain continua: «Cette Perfection exista sans armée ni marine durant des centaines d'années. Le gouvernement du peuple était sous la responsabilité de quatorze Maîtres d'Ascension, deux pour chacun des Sept Rayons. Ils formaient ainsi des Foyers de Lumière pour manifester dans le visible l'activité toute-puissante de Dieu. Sous ces quatorze Maîtres Lumineux se trouvaient quatorze Maîtres secondaires, responsables de sept départements gouvernant les sciences, l'industrie et les arts. Chacun de ces Maîtres servait par le contact conscient et direct avec l'Être Suprême intérieur. C'est ainsi que toutes les directives et toutes les instructions communiquées provenaient directement de la Source; aussi, la Perfection divine s'écoulait constamment sans aucune interférence de la part du moi humain.

«Cette forme de gouvernement était des plus remarquables, apportant réussite et satisfaction pour tous. Depuis ce temps-là, la Terre n'a jamais connu de civilisation si avancée. Toutes les archives qui nous sont parvenues à ce jour parlent de cette ancienne civilisation comme étant l'Âge d'Or: ce qu'elle était vraiment dans toutes ses activités.

«Dans un futur qui n'est plus très éloigné, votre Amérique bien-aimée reconnaîtra aussi le véritable Dieu intérieur individualisé, et les gens exprimeront alors une extraordinaire Perfection. L'Amérique est une Terre de Lumière, et sa Lumière rayonnera avec éclat parmi les nations de la Terre, brillante comme le soleil en plein midi. Il y a très longtemps, c'était une Terre de grande Lumière; elle retrouvera son héritage spirituel, *rien* ne peut l'en empêcher. Son mental et son corps sont forts, bien plus que vous ne le croyez, et elle emploiera cette force pour se débarrasser de tous les poids et fardeaux qui, aujourd'hui, pèsent lourdement sur elle.

«L'Amérique a un destin important pour les autres nations de la Terre, et Ceux qui veillent sur elle depuis des siècles *veillent toujours*. Grâce à Leur Amour et à Leur Protection, elle atteindra son but. Amérique! Les Maîtres qui ont fait leur Ascension vous aiment et vous protègent. Amérique! Nous vous aimons.

«Plus tard, lorsque vous aurez rejeté certaines entraves intérieures qui s'accrochent comme des moisissures et vous vident de votre force comme des vampires, vous connaîtrez une forme similaire de gouvernement. Enfants bien-aimés d'Amérique, ne vous découragez pas quand les sombres nuages semblent bas. Chacun vous fera voir sa doublure d'or pur. Derrière chaque nuage apparemment menaçant se trouve la pure Lumière cristalline de Dieu et de Ses Messagers - les Maîtres d'Ascension, d'Amour et de Perfection - qui veillent sur l'Amérique, le gouvernement et son peuple. Je le dis encore: "Amérique! Nous vous aimons."

«L'une après l'autre, de grandes âmes éveillées se manifestent, qui deviendront clairement conscientes de la Puissance de l'Être Suprême qui est en elles; ces individus occuperont des postes officiels dans les gouvernements. Ils seront davantage intéressés au bien-être de l'Amérique plutôt qu'à leurs ambitions et à leurs fortunes personnelles. Ainsi, un nouvel Âge d'Or régnera sur Terre et durera un éon.

«Dans la période précédant celle que vous venez de voir, les gens se déplaçaient dans de grands vaisseaux aériens. Dans une phase plus avancée de leur développement, ils n'en avaient pas souvent besoin sauf dans les régions éloignées. Ceux de la classe dirigeante, étant spirituellement très avancés, pouvaient se rendre d'un endroit à l'autre dans leurs *corps subtils* et faire tout ce qu'ils désiraient, comme vous le savez depuis votre expérience au temple de Louxor. Ils pouvaient également transporter leur corps physique à volonté, car leur connaissance de la puissance pour vaincre la gravité était aussi naturelle que la respiration pour vous.

«Comme dans tous les Âges d'Or, le métal appelé or était d'usage courant. Son rayonnement naturel est une force qui purifie, équilibre et vitalise. L'or est placé à l'intérieur de la Terre par les 'Seigneurs de la Création', ces 'Grands Êtres de Lumière et d'Amour' qui créent et gouvernent les mondes, les systèmes de mondes, ainsi que l'expansion de la Lumière intérieure chez les êtres qui les habitent.

«Le mental extérieur, l'intellect humain, possède une très faible compréhension de la fonction *réelle* de l'or sur cette planète. L'or pousse à l'intérieur de la Terre comme une plante, et par lui rayonne constamment un courant d'énergie qui purifie, vitalise et équilibre; ce rayonnement agit dans le sol sur lequel nous marchons, sur la croissance dans la Nature et sur l'atmosphère que nous respirons. L'or est placé sur cette planète pour de multiples raisons. Sa fonction de moyen d'échange et de métal d'ornement est la moins importante. Son rôle fondamental, à l'intérieur de la Terre et en surface, est de rayonner ses qualités spécifiques, c'est-à-dire son énergie qui purifie, vitalise et harmonise la structure atomique du monde.

«La science d'aujourd'hui n'est absolument pas au courant de cette activité. Pourtant, l'or agit pour la Terre comme des radiateurs pour une maison. L'or est un moyen essentiel par lequel l'énergie de notre soleil alimente l'intérieur de la Terre et en équilibre les activités. En tant que relais d'énergie, l'or agit comme un transformateur qui communique la force Solaire à la substance physique de ce monde, ainsi qu'à la Vie qui évolue à sa surface. L'énergie contenue dans l'or est véritablement la force électronique rayonnante du soleil agissant à une octave inférieure. L'or est parfois appelé 'rayon solaire précipité'.

«Étant donné le rythme vibratoire extrêmement élevé de l'énergie contenue dans l'or, celle-ci ne peut agir par absorption que sur les expressions les plus subtiles et les plus raffinées de la Vie. Dans tous les 'Âges d'Or', ce métal est couramment et abondamment utilisé par la population. Chaque fois que cela se produit, le développement spirituel de la population atteint un très haut niveau. Durant ces âges, l'or n'est jamais thésaurisé, mais, au contraire, il est largement distribué à la population qui en absorbe l'énergie purificatrice et se trouve ainsi élevée à un plus grand degré de perfection. Tel est l'usage juste de l'or, et, quand cette Loi est consciemment comprise et suivie, l'individu peut, par son obéissance, en recevoir autant qu'il le désire.

«Grâce aux gisements d'or qui existent dans toutes les chaînes de montagnes, les gens connaissent en ces lieux une vitalité et une santé connues nulle part ailleurs sur Terre. Personne n'a jamais parlé d'effets négatifs chez ceux qui manipulent constamment l'or pur. Dans cet état de pureté, l'or est relativement mou et s'use facilement, et cette qualité est conforme à sa fonction dont je viens de parler.

«Les individus les plus avancés produisaient beaucoup d'or par *précipitation*, directement de l'Universel. Les coupoles de nombreux édifices étaient recouvertes de feuilles d'or pur, et les intérieurs étaient décorés de pierres précieuses brillantes aux formes curieuses et pourtant splendides. Ces joyaux aussi étaient précipités directement de la Substance Éternelle et Une.

«Comme toujours dans le passé, il se trouvait une partie de la population qui devint plus intéressée aux plaisirs temporaires des sens qu'au grand Plan créateur de l'Être Suprême intérieur. Ceci lui fit perdre conscience de la Puissance divine agissant dans tout le pays. Cette situation s'étendit à toutes les zones rurales jusqu'à ce que la Conscience divine des individus ne demeure active que dans le secteur de la cité. Le nom de la capitale était la 'Cité du Soleil'. Ceux qui gouvernaient comprirent qu'ils devaient se retirer et laisser les gens apprendre, au moyen d'expériences difficiles, que tout leur bonheur et tout leur bien-être proviennent de l'adoration de l'Être Suprême intérieur, et qu'ils doivent revenir à la 'Lumière' s'ils veulent être heureux.»

Au moyen de sa vision intérieure, percevant que le peuple devenait de plus en plus enlisé dans les plaisirs des sens, le Roi-Empereur comprit que ce n'était plus le Plan divin de continuer à soutenir le royaume. Ceux dont l'autorité spirituelle était plus grande que la sienne l'instruisirent de donner un banquet pour annoncer sa décision de se retirer, et faire ses adieux.

Il convoqua ses conseillers et leur donna des directives pour le banquet: il aurait lieu à l'endroit le plus splendide de l'empire, la Salle des Joyaux, dans le palais du roi. Quatre globes luminescents l'éclairaient, qui émettaient un rayonnement blanc très brillant. Ils étaient suspendus au plafond par des chaînes de cristal. Bien que leur Lumière fût intense et brillante, elle avait cependant un effet très apaisant sur le corps, donnant aux personnes présentes une sensation d'aise et de grand calme. La lumière du globe central illuminait les pierres précieuses du médaillon en forme solaire qui se trouvait au milieu du plafond.

La grande salle du banquet était soigneusement décorée et contenait vingt-quatre tables en onyx blanc pouvant recevoir chacune vingt-quatre convives. C'était la première fois que tous les conseillers du roi et leurs assistants allaient être reçus tous ensemble. L'annonce de ce banquet provoqua bien des commentaires parmi la population qui en parlait beaucoup entre voisins. Pour tous, cependant, c'était un mystère qu'ils ne parvenaient pas à percer.

Enfin, le grand soir arriva. Personne ne devinait la tristesse qui habitait le coeur du noble roi. Personne non plus ne se doutait des changements qui devaient bientôt les atteindre. L'heure arriva, les invités prirent place, et chacun respirait le mystère. Les grandes portes de bronze de la salle du banquet s'ouvrirent majestueusement, et une musique transcendante ressemblant à une symphonie jaillit de l'invisible, surprenant même ceux qui connaissaient la puissance extraordinaire de leur monarque bien-aimé. L'amour et l'admiration pour la sagesse et l'aide qu'il leur prodiguait constamment étaient si grands, que le peuple le considérait presque comme un Dieu.

La splendide musique cessa, et le roi entra accompagné de ses enfants. La fille était la beauté même. Elle portait une robe faite d'un tissu souple et doré totalement inconnu du monde moderne. Il semblait couvert de diamants, car avec chaque mouvement de son corps jaillissaient des points de lumière. Retenus par deux barrettes d'émeraude, ses cheveux dorés lui tombaient sur les épaules. Elle portait sur le front un bandeau de métal blanc serti de diamants; en son centre, il y avait comme un gros diamant. En *réalité*, il s'agissait d'une forte *condensation* de 'Lumière' focalisée et maintenue par son père.

Dans tout l'empire, seul le roi avait reçu une telle Puissance transcendante. Avant cette soirée, la famille royale n'avait jamais utilisé ces 'Joyaux de Lumière' en présence d'autrui. L'usage de cette Puissance ne leur était permis que durant leur adoration privée de l'Être Divin intérieur, la 'Présence Suprême, dont ils étaient clairement et constamment conscients.

Le roi et ses deux fils portaient des vêtements faits du même tissu doré que celui de la fille. Il était aussi souple que du cuir, mais c'était de l'or pur. Sur leur poitrine, des plaques formaient un grand soleil de pierres précieuses. Leurs sandales étaient faites de la même substance sertie de pierreries, et le splendide 'Joyau de Lumière' brillait sur leur front.

Au signal du roi, les invités s'assirent. D'une voix puissante et majestueuse venant du plus profond de son cœur, il prononça une invocation à "l'Un Infini".

«Toi, Source Suprême Omniprésente, Toi qui gouvernes l'Univers, Toi la Flamme à l'intérieur de chaque coeur humain! Nous T'offrons notre amour, notre louange et notre reconnaissance pour Ta Vie, Ta Lumière et Ton Amour présents en tout. Nous T'adorons et nous nous tournons vers Toi seul, la 'Présence' en toutes choses, visibles et invisibles, évoluées ou non. Toi, Courant de Vie inépuisable, qui diffuses éternellement Ton Être à travers toute la création, Toi l'Être Un en Tous.

«Mon coeur T'appelle comme jamais auparavant pour avertir mon peuple du danger qui le menace; car comme un souffle empoisonné, son indifférence envers Toi est en train de l'envahir, produisant une léthargie de l'âme et tirant devant lui un voile qui lui ferme la porte à 'Ta Présence Lumineuse'.

«Si ces personnes doivent connaître les expériences qui brûlent et consument les nuages et les impuretés du moi extérieur, alors soutiens-les et conduis-les finalement à Ton Éternelle Perfection. C'est Toi que j'appelle, Ô Créateur de l'Univers, Toi Dieu Suprême Omniprésent.»

Le roi s'assit. Tous les convives attendaient en silence. Rapidement, le service apparut devant chaque invité. Chaque plat fut servi comme par des mains invisibles, dans de superbes contenants de cristal décorés de pierreries. Ils disparaissaient aussitôt le plat terminé, puis un autre contenant apparaissait. Finalement, le banquet le plus raffiné de l'empire prit fin. Une fois encore, un silence complet s'installa, annonçant un événement plutôt inhabituel.

Le roi se leva et attendit calmement sans bouger.

Bientôt, un gobelet de cristal apparut dans la main droite de chaque invité. Les gobelets étaient remplis d'une condensation de Pure Essence Lumineuse, et chacun de ceux qui en burent, peu importe l'ancienneté de son âme ou la variété de ses expériences, ne pourrait jamais oublier complètement la 'Présence' individualisée de l'Être Suprême intérieur'. Cette protection de l'âme fut accordée à ceux qui étaient présents au banquet, en récompense de leur foi et de leur loyauté envers Dieu en eux, envers le roi et envers l'empire. Grâce à ce service, la protection de l'âme leur fut accordée pour les siècles à venir.

Chacun leva son gobelet et but en l'honneur de 'Dieu qui est en lui' - la 'Flamme individualisée du Très-Haut Dieu Vivant'. Le déroulement du banquet fut diffusé sur les ondes partout à travers l'empire grâce à un système de radio semblable à celui qui existe aujourd'hui. L'appareil n'était pas plus gros qu'une assiette et pourtant suffisamment puissant pour capter des messages de n'importe quel point de la surface de la Terre.

Après avoir salué l'Être Suprême présent en chacun, tout le monde devint très paisible et l'atmosphère elle-même semblait parfaitement immobile. Peu après, une 'Présence' Splendide apparut lentement devant le roi.

C'était la 'Présence' d'un 'Maître Cosmique' provenant du 'Grand Silence'. Un murmure de stupeur et de surprise s'empara de tous quand ils reconnurent l'Un de Ceux dont ils avaient entendu parler pendant des siècles, sans pour autant l'avoir jamais vu en personne. Levant sa main droite, il s'adressa aux invités et à tous les habitants de l'empire.

«Enfants de la Terre, j'ai une importante mise en garde à vous faire en ce temps de grande crise. Dégagez-vous du piège des sens qui vous envahit! Réveillez-vous de votre léthargie avant qu'il ne soit trop tard! Mon 'Frère de Lumière' ici présent doit vous quitter et vous laisser aux expériences que vous avez choisies et qui, lentement, vous entraînent dans leurs nombreux gouffres. Vous avez laissé votre porte ouverte à l'ignorance et aux émotions incontrôlées du moi extérieur.

«Vous donnez peu d'attention et encore moins d'adoration à votre 'Source' - le Suprême, le Tout-Puissant, le Rayonnant, le Majestueux, la Cause infinie de tout ce qui est - le Créateur et le Protecteur de tous les univers. Vous n'offrez aucune gratitude à la 'Grande Présence Glorieuse', le 'Seigneur d'Amour', pour la Vie grâce à laquelle vous existez.

«Pourquoi n'êtes-vous même pas reconnaissants pour les bienfaits que la Nature répand sur vous si abondamment, pour les bienfaits que vous procurent cette belle terre ainsi que votre roi si sage et si généreux? Vous vous remerciez les uns les autres pour les faveurs mutuelles que vous vous faites et qui n'appartiennent qu'au monde des sens et de la forme pourtant si éphémère, choses qui passent de l'un à l'autre, puis disparaissent. Mais pourquoi, oui, pourquoi oubliez-vous la '*Source*' de toute Vie, de tout Amour, de toute Intelligence et de toute Puissance? Gens du pays! Où se trouve votre gratitude envers la Vie pour l'Amour, pour la splendeur de ce que vous vivez à chaque instant, d'heure en heure, de jour en jour, année après année? Vous dites que tout cela vous appartient! Mais l'unique Possesseur de tout, hier, aujourd'hui, demain et toujours, c'est la grande Source Une de la Vie, de la Lumière, de l'Amour et de tout bien - DIEU, le Suprême, l'Adorable, Celui qui est Présent partout et en tout.

«Quand vous utilisez mal cette énergie de Vie qui s'écoule constamment de cet Être Suprême Omniprésent dans son état pur, parfait et non contaminé, vous générez des conditions destructrices et douloureuses qui deviennent insupportables pour vous. Alors, vous lancez vers Dieu des cris de désespoir, d'agonie ou de révolte pour qu'Il vous libère de vos souffrances. Est-ce là votre offrande au 'Dispensateur de tout bien' en échange de la continuelle Perfection que dans son Amour Suprême il vous offre? Le Grand Dieu intérieur donne tout, à l'unique condition de s'en servir comme il faut afin que le reste de la Création soit béni d'une joie sans limite, d'une activité harmonieuse et d'une Perfection totale.

«Du fond de vos malheurs, quand vous vous tournez finalement vers votre Source afin d'être soulagés de vos erreurs, soit que vous criiez de désespoir, soit que vous vous révoltiez en blâmant la Vie et la Source de tout Bien à cause de ce que vous appelez injustice et conditions défavorables qui existent en vous et autour de vous.

«C'est vous, le petit moi personnel, qui êtes injustes envers la Vie. C'est vous qui provoquez la souffrance sur Terre. Étant donné sa faculté de libre choix dans l'usage individuel de ses pensées et de ses sentiments, seule l'humanité ose provoquer la discorde, la détresse et les malformations qui s'expriment sur Terre. C'est une véritable malédiction pour la Création et pour la Perfection qui vibre continuellement à l'intérieur de la grande Mélodie cosmique du Chant d'Éternité.

«Seule l'humanité est responsable de la discorde qu'elle génère dans la Musique des Sphères, car, autrement, tout vit et agit conformément à la 'Loi d'Amour, de Vie, d'Harmonie et de Lumière'. Tout le reste se fond dans ce tout harmonieux, le 'Corps de l'Être Un, Infini et tout Amour'.

«Tous les autres règnes 'de Vie et de Lumière' fonctionnent et créent selon le principe fondamental sur lequel repose toute Perfection. Ce principe, c'est l'Amour. Sans la présence de ces 'grands Êtres désintéressés' comme votre monarque - la Céleste Fraternité des Maîtres d'Ascension dont la vibration de Vie est pur Amour - il y a longtemps que l'humanité et cette Terre seraient détruites.

«Les activités splendides et transcendantes de l'Amour et de la Lumière sont les conditions naturelles dans lesquelles Dieu a créé et établi Ses enfants de la Terre, s'attendant à les voir obéir à son ordre qui est: "Aimez". Il n'existe rien de surnaturel, nulle part dans l'Univers. Tout ce qui est transcendant, beau et Parfait est Naturel et conforme à la 'Loi d'Amour'. Tout ce qui n'est pas cela est *contre nature*. Le vécu quotidien des Maîtres qui ont fait leur Ascension est cette Perfection que les enfants de Dieu auraient dû vivre depuis toujours. Durant un cycle antérieur qui fut un Âge d'Or, les enfants de la Terre ont déjà exprimé une telle Perfection.

«Cette ancienne civilisation Parfaite remonte à des temps plus anciens que vous ne l'imaginez, dépassant même l'âge que vous donnez à la planète. À cette époque, toute l'humanité vivait dans cet état merveilleux qui est celui des Maîtres d'Ascension aujourd'hui. Les conditions désastreuses qui suivirent, et que l'humanité connaît encore, ne sont apparues qu'à cause du choix des humains de se détourner de leur 'Source' - l'Amour - qui est le Plan de Vie à suivre.

«Lorsque les enfants de la Terre se détournent de l'Amour, ils choisissent volontairement et consciemment d'expérimenter le chaos. Quiconque choisit d'exister sans Amour ne peut pas survivre longtemps, où que ce soit dans l'univers. Agir ainsi ne peut apporter que l'échec, la souffrance et la dissolution. Tout ce qui manque d'Amour doit retourner au chaos sans forme de manière à ce que sa substance puisse à nouveau se combiner à l'Amour et produire enfin une forme nouvelle et parfaite.

«Telle est la Loi de la Vie Universelle et individuelle. Elle est immuable, irrévocable, éternelle et vraiment salutaire; car la création existe pour que Dieu puisse y déverser Son *Amour* et s'exprimer ainsi dans l'action. C'est la 'Loi de l'Être Suprême', de laquelle tout procède. C'est le 'Mandat d'Éternité', et ni l'*amplitude* ni l'*éclat* de cette Perfection ne peuvent être décrits en mots.

«S'il n'y avait pas ces conditions Parfaites de Vie, qui

sont *réelles, vraies* et *permanentes,* et transcendent toute description humaine, l'existence ne serait qu'une pâle imitation de l'activité fabuleuse de la Vie qui vibre constamment à travers toute la création. Il existe ces Sphères transcendantes d'Harmonie, des mondes d'activité et de conscience, individuels et cosmiques, dans lesquels la création se poursuit continuellement dans la Joie, l'Amour, la Liberté et la Perfection.

«Ces univers sont *réels, réels, réels* et bien plus permanents que vos corps et les constructions du monde physique qui vous entourent. Ces Octaves de Vie sont créées d'une Substance tellement chargée d'Amour qu'elles ne peuvent jamais accepter une coloration ou une activité de discorde, d'imperfection ou de désintégration. Étant fondée sur l'Amour, la Perfection d'une telle manifestation est permanente, continuellement active, en éternelle expansion, comblant d'une joie sans fin tout ce qui existe.

«À cause de l'ignorance des sens, des appétits humains et des désirs du petit moi extérieur, vous attirez sur vous le malheur qui vous précipite encore et encore dans le cycle des réincarnations. Ces appétits de la nature émotionnelle de l'humain ne sont qu'une longue accumulation d'énergie à laquelle l'individu a donné une coloration par ce qu'il a pensé et ressenti. En s'exprimant dans l'existence individuelle, cette énergie mal colorée prend de la force et devient habitude. L'habitude n'est qu'une énergie qui a reçu une coloration spécifique et qui a été maintenue suffisamment longtemps sur un objectif donné.

«Les appétits sensuels des existences passées deviennent la force motrice et les habitudes des existences suivantes, faisant de vous des esclaves liés aux roues de la discorde, du besoin et de la contrainte. Ces forces vous entraînent dans le labyrinthe des expériences et des problèmes humains que vous avez causés, vous *obligeant* finalement à apprendre la Loi de l'Un - l'Amour - et à Lui obéir.

«Vos créations négatives personnelles vous dominent encore, encore et encore jusqu'à ce que vous consentiez à comprendre la Vie et Obéir à Son Unique Loi: l'Amour. Vous tourbillonnez vie après vie, expérimentant discordes sur discordes, jusqu'à ce que vous appreniez à vivre la 'Loi d'Amour'.

«Il s'agit d'une activité irrésistible à laquelle personne ne peut échapper, et elle continue jusqu'au moment où le moi extérieur s'interroge sur ses malheurs et comprend que, pour se libérer de sa souffrance, il est indispensable d'*obéir* à cette 'Loi d'Amour'. Cette obéissance commence par le calme, la quiétude et la douceur dans les sentiments dont le *centre* est dans le *coeur*. Son contact avec le monde extérieur doit se faire au moyen du 'Ressenti intérieur'.

«L'Amour n'est pas une activité du mental. C'est une 'Essence Pure et Lumineuse' qui crée le mental. Issue de la Flamme de l'Être Suprême, cette Essence se déverse dans la substance et s'écoule constamment dans la forme et dans l'action en tant que Perfection. L'Amour est la Perfection manifestée. L'Amour exprime uniquement la paix, la joie, rayonnant constamment ces sentiments à toute la création, et ceci, d'une manière inconditionnelle. L'Amour ne demande *rien* pour Lui-même parce que, étant le Coeur vibrant du Suprême, Il est éternellement sa propre Source créatrice. L'Amour possède *tout* et ne s'occupe que de mettre en oeuvre le Plan de Perfection pour tous. Il est un jaillissement continuel de Lui-même. Il ne s'occupe pas de ce qui a été donné dans le passé, mais tire sa Joie et son équilibre de ce Rayonnement continuel de Lui-même. Cette Perfection éternellement rayonnante étant contenue dans l'Amour, tout ce qui est moins que Lui-même ne peut le toucher.

«Seul l'Amour est le fondement de l'harmonie et l'usage juste de toute énergie de Vie. Dans l'expérience humaine, cela devient progressivement, pour l'individu, un désir de donner, donner et donner sa paix et son harmonie au reste de la création.

«Ô peuples d'aujourd'hui et de tous les temps! Seul *suffisamment* d'Amour peut vous reconduire au Ciel que vous avez déjà connu et qui était votre demeure. C'est là que vous embrasserez à nouveau la plénitude de la 'Grande Lumière' qui donne tout dans l'Amour.

«Un prince de passage s'approche de vos frontières. Il entrera dans cette ville, cherchant la fille de votre roi. Vous tomberez sous sa gouverne, mais, quand vous reconnaîtrez votre erreur, il sera trop tard. Rien n'y changera, car la famille royale sera mise sous la protection de Ceux dont la puissance et l'autorité viennent de Dieu et contre qui aucun désir humain jamais ne prévaudra. Ce sont les grands Maîtres d'Ascension de la

Cité d'Or, ville du monde éthérique au-dessus de ce territoire. C'est là que votre roi et ses enfants bien-aimés vivront pour la durée d'un cycle.» Se tournant vers le roi, il lui dit:

«Je vous bénis, patient et noble Frère! Votre service envers votre peuple a été désintéressé et plein d'Amour. Votre dévotion envers l'Être Suprême - la Source Une de toute création - est profonde et éternelle. La Cité d'Or dans le monde éthérique vous attend, et c'est avec joie que nous vous y accueillons ainsi que vos enfants.

«Vous vivrez à l'intérieur de Sa Lumière et vous servirez au moyen des Rayons de Lumière que déversent constamment ceux qui y vivent, jusqu'à ce que votre peuple se réhabilite en *obéissant* à la 'Loi d'Amour'.

«Cet 'Empire de Lumière' existe au-dessus de ce pays que vous avez tant aimé. Il est fait de substance éthérique Luminescente et se tient au-dessus de la cité physique qui est votre capitale. Il est *réel*, très *réel* et bien plus permanent que n'importe quelle ville terrestre, parce que la 'Lumière' est indestructible, et que la 'Cité d'Or' est faite de 'Lumière'. Aucune pensée discordante ni aucune perturbation quelconque ne peuvent jamais y entrer.

«Dans sept jours, je reviendrai vous chercher avec vos enfants, et nous entrerons dans la 'Cité de Lumière', d'où nous veillerons sur les progrès de l'humanité et d'où nous ferons entrer dans la 'Lumière' tous ceux qui voudront bien se discipliner et se préparer. Une ceinture de force électronique invincible entoure la Cité, la rendant inaccessible à quiconque n'est pas invité.»

Après avoir parlé, il bénit la famille royale, les convives et tout l'empire. Un moment de silence suivit: peu à peu, Sa Lumière et la forme de Son Corps s'évanouirent, puis disparurent complètement. Un murmure traversa la salle. Tous regardaient le roi dont la tête était inclinée en signe de profonde révérence. La relevant lentement, il dit bonsoir à ses invités.

Sept jours plus tard, le 'Frère venu du Silence' revint puis, enveloppant le roi et ses enfants de son aura de Feu, il les emmena dans la 'Cité d'Or Éthérique'.

Le prince annoncé arriva le lendemain. Il découvrit la situation de l'empire ainsi que la consternation qui s'était emparée de la population. Immédiatement il planifia d'en devenir le chef, ce qu'il réussit sans opposition. Deux mille années plus tard, la majeure partie de l'empire était devenue une terre aride. Les cours d'eau étaient à sec, et la désolation régnait partout. *Tout* cela n'était que la conséquence de la discorde et de l'égoïsme des humains, véritable malédiction pour la vie végétale dans la nature. Ce royaume occupait autrefois tout l'Est de l'Afrique, et il s'étendait jusqu'à l'Himalaya.

Il y eut ensuite un cataclysme, et le territoire entier fut submergé. Puis une mer intérieure se forma là où se trouve l'actuel désert du Sahara. Un autre changement survint il y a quelque douze mille ans: la mer se retira et une partie du territoire devint le désert du Sahara. Le Nil d'aujourd'hui ressemble beaucoup aux cours d'eau de cette époque depuis longtemps oubliée.

Ainsi prirent fin nos observations de ces événements

très anciens. C'est à peine si je pouvais en croire mes sens. J'étais stupéfait de voir comment ces images du passé étaient revivifiées en trois dimensions, et aussi de voir les activités de ce peuple ancien.

Saint Germain se rendit compte de ma stupéfaction, et il me promit de me montrer les archives physiques de cette époque et de ce peuple, et de me prouver qu'il ne s'agissait pas là d'une vision provoquée par lui.

Regardant près du tronc d'arbre sur lequel nous étions assis, nous vîmes que la panthère dormait profondément. Saint Germain m'expliqua les étapes importantes de l'application des grandes Lois qui permettent à l'individu de manifester sa Maîtrise réelle sur les choses du monde extérieur des sens. Ceci l'amena à décrire comment il est capable d'exprimer une telle jeunesse et une telle Perfection dans un corps si ancien selon les normes du temps humain.

«La Jeunesse éternelle, m'expliqua-t-il, est la Flamme de Dieu qui réside à l'intérieur du corps humain - le don que fait l'Être Suprême de Lui-même à Sa Création. La jeunesse et la beauté du mental et du corps ne peuvent être conservées *en permanence* que par ceux qui sont suffisamment forts pour fermer la porte à la discorde. Et tous ceux qui agissent ainsi exprimeront cette Perfection et la maintiendront.

«Quand la Paix, l'Amour et la Lumière n'habitent pas les pensées et les sentiments d'un être humain, aucun effort physique ne peut jamais conserver ni jeunesse ni beauté au moi extérieur. Ces deux qualités sont éternellement présentes à l'intérieur de la Flamme Divine qui est l'Être Suprême individualisé en chacun. Tout élément de discorde, que le moi extérieur laisse jaillir par ce qu'il pense et par ce qu'il ressent, se trouve *instantanément* imprimé dans la chair du corps physique. L'éternelle Jeunesse et l'éternelle Beauté sont générées de l'intérieur de l'Être Suprême; elles sont éternellement présentes dans la Flamme de Vie Divine qui habite tout être humain. Tel est le Plan de Dieu pour manifester Sa Perfection dans le monde de la forme, et la maintenir éternellement. La Jeunesse, la Beauté et la Perfection sont des attributs de l'Amour que l'Être Suprême individualisé déverse constamment dans Sa Création. À l'intérieur de tout individu se trouvent la puissance et les moyens pour maintenir et intensifier cette activité de création parfaite et en expansion continuelle.

«La puissance d'accomplissement est l'énergie de l'Être Suprême individualisé dans chaque être humain né en ce monde. À chaque instant elle est active dans votre mental, dans votre corps et dans votre monde personnel. Il n'est pas un seul instant où cette puissante énergie ne s'écoule à travers tout individu. C'est votre privilège de la colorer comme vous le désirez, en utilisant l'autorité de votre libre volonté, par l'orientation consciente de ce que vous pensez et ressentez.

«La pensée est la seule réalité de l'univers à pouvoir créer une vibration; et, au moyen de la vibration, vous colorez cette énergie inépuisable du désir que vous voulez voir se manifester dans votre vie et votre expérience. Cette énergie rayonnante, inépuisable et intelligente s'écoule sans interruption dans votre système nerveux. Elle est la Vie Éternelle et la vitalité dans le sang qui coule dans vos veines. C'est une activité toute puissante, omniprésente et intelligente offerte par le Créateur de l'Univers - Dieu-la-Vie - et que vous devez orienter consciemment au moyen de votre libre volonté. La Véritable Intelligence, celle qui utilise tout de façon constructive, provient uniquement de l'intérieur de la Flamme de Vie qui est Dieu le Suprême; ce n'est pas seulement une activité de l'intellect.

«L'Intelligence vraie est Sagesse ou Connaissance Divine, et jamais elle ne peut forger de pensées erronées. Les pensées erronées viennent uniquement des impressions faites sur l'intellect par le monde qui entoure l'individu. Si les gens voulaient faire la différence entre leurs propres pensées, c'est-à-dire les pensées venant de la Flamme Divine en eux, les suggestions provenant de l'intellect des autres, et les preuves des sens qui ne tiennent compte que des apparences, alors ils pourraient éviter toutes les activités et toutes les conditions discordantes dans leur vie personnelle.

«La Lumière qui provient de la Flamme de Dieu en vous est la norme de Perfection par rapport à laquelle toutes les pensées et tous les sentiments qui vous atteignent au moyen des cinq sens, devraient être évalués. Personne ne peut maintenir une coloration de Perfection dans ce qu'il pense et dans ce qu'il ressent, à moins d'aller à la 'Source de toute Perfection'; car cette qualité et cette activité demeurent uniquement à l'intérieur de la Flamme de Dieu.

«D'où la nécessité pour tout individu de méditer et de communier avec la Lumière de l'Être Suprême qui est en lui. Cette Pure Essence de Vie ne vous apporte pas simplement une Jeunesse et une Beauté éternelles pour le corps; elle vous permettra, en plus, de maintenir un *équilibre parfait* entre la Présence de l'Être Suprême en vous et le moi personnel ou extérieur. En réalité, cette Pure Énergie de Vie est la puissance par laquelle le moi extérieur maintient sa liaison avec sa Source Divine, l'Être Suprême individualisé. En fait les deux sont 'Un' sauf lorsque l'intellect, l'activité extérieure du mental - la conscience extérieure des sens - accepte l'imperfection, la discorde et les limitations; ou lorsqu'il se pense une création séparée de la 'Présence' de Vie, l'Être Un Omniprésent. Si la conscience extérieure des sens se croit un élément séparé de Dieu - la Perfection - alors la condition correspondante se manifeste; car ce que la conscience extérieure des sens projette autour d'elle, le monde le lui retourne.

«Si vous laissez une idée d'imperfection ou de séparation de Dieu occuper votre attention et donc votre mental, alors une condition similaire commence à s'exprimer dans votre corps et votre expérience. Conséquemment, une telle personne se perçoit comme une réalité séparée de sa Source. Et dès que quelqu'un se pense séparé de Dieu, il croit que sa Vie, son Intelligence et sa Puissance ont un commencement et une fin.

«La Vie a toujours été, elle est aujourd'hui et elle sera demain. Personne ne peut détruire la Vie. À cause de certaines activités du mental et du monde physique, la forme extérieure peut se voir désintégrée ou temporairement endommagée, mais la conscience de l'individu est Éternelle. Elle peut contrôler toute substance partout dans l'univers dès que la Vie de l'Être Suprême intérieur est reconnue comme étant "Celui qui sait, Celui qui donne et Celui qui fait" tout ce qu'il y a de bon dans la création. C'est la Vérité lorsque je vous dis qu'il n'y a qu'une seule Source de tout Bien: Dieu. Que l'activité extérieure du mental reconnaisse et accepte cette Vérité - pas seulement deux ou trois fois par jour, mais à chaque instant de chaque jour, peu importe ce que fait le moi extérieur - alors l'individu pourra exprimer sa liberté parfaite et sa Maîtrise sur tout ce qui est humain.

«Ayant vécus tant de siècles en se croyant séparés de Dieu, pour la plupart des gens cela semble difficile, bien qu'à chaque instant de chaque jour, et sans s'en rendre compte, ils utilisent la Vie de Dieu, l'Énergie de Dieu, la Substance de Dieu et l'Activité de Dieu dans tout ce qu'ils pensent et font. Cependant, pour pouvoir manifester Sa Pleine Puissance à travers le moi personnel, il est absolument nécessaire d'accepter consciemment cette Vérité dans l'activité extérieure du mental et d'adopter une direction constructive.

«Reconnaître l'Énergie de Dieu, l'orienter consciemment et l'utiliser de manière constructive: telle est la voie certaine de la Perfection pour celui qui agit ainsi en tout temps. C'est la voie de la Maîtrise et de l'Autorité sur toutes choses terrestres, ce qui inclut le contrôle conscient de *toutes* les forces de la Nature. Si vous gardez constamment à l'esprit l'instruction que je viens de vous donner, elle effacera complètement toute fausse croyance de votre conscience. La rapidité pour y arriver dépend de votre constance, de votre assiduité et de l'intensité avec laquelle vous ressentez l'Être Suprême intérieur et devenez son associé. Pour atteindre la Maîtrise, l'état d'Adepte, le contrôle conscient de toute force et le façonnage de la substance dépendent de ces trois choses: un, reconnaître et accepter la Présence en vous de l'Être Suprême individualisé; deux, atteindre un degré de quiétude et de calme parfaits dans vos sentiments en toutes circonstances; trois, se tenir au-delà de *toute* tentation de mal utiliser la puissance reçue. L'apaisement de toutes les émotions doit absolument être sous l'autorité de la volonté consciente. Cela est impératif pour atteindre la Maîtrise.

«Cela ne signifie *pas* une répression de la discorde intérieure, mais, au contraire, il s'agit d'apaiser et d'harmoniser ce que l'on ressent, peu importent les circonstances qui environnent le mental ou le corps de l'étudiant. Une telle maîtrise n'est pas chose facile pour la plupart des Occidentaux parce que leur tempérament est très souvent hypersensible, émotionnel et impulsif. Ces symptômes sont le signe d'une énergie extrêmement puissante. Elle doit être contrôlée, gardée en réserve et libérée seulement de façon totalement consciente et dirigée en vue d'atteindre un objectif constructif. Tant que le gaspillage de cette énergie n'est pas éliminé et totalement maîtrisé, l'individu ne peut pas et ne pourra jamais effectuer de progrès permanents.

«Les étudiants demandent souvent si, à un moment donné de leur avancement sur le sentier, ils n'ont plus besoin de faire d'affirmations. Lorsqu'un individu pratique sincèrement les affirmations, il manifeste la pleine acceptation de la Vérité qu'il affirme. Cela lui permet de focaliser l'attention du mental extérieur sur la Vérité avec une telle intensité, qu'il l'accepte sans réserve dans ce qu'il ressent. Car ce que l'on ressent est véritablement l'Énergie de Dieu libérée qui manifeste la Vérité affirmée.

«La pratique continue des affirmations vous conduit au point où vous atteignez une réalisation tellement profonde de la Vérité affirmée que vous n'avez plus conscience qu'il s'agit d'une affirmation. Vous utilisez des affirmations, des mantras ou des prières parce que vous voulez qu'une certaine chose se manifeste. Le désir juste est la forme de prière la plus profonde. Ainsi, par l'affirmation, l'étudiant élève son moi extérieur jusqu'à l'acceptation totale de la Vérité qu'elle contient, et il génère l'activité de ressentir qui en permet la manifestation. C'est par cette acceptation profonde que se produit la manifestation. En effet, par la concentration, la parole déclenche une activité instantanée.»

Ma gratitude envers Saint Germain pour tout ce que j'avais reçu était trop profonde pour que je puisse la verbaliser. Il lut mes pensées et mes sentiments comme quelqu'un lirait un livre. Aussi, durant quelques instants nous nous assîmes en silence, en parfaite communion l'un avec l'autre. Puis il me tira de ma méditation, et nous contemplâmes les splendides couleurs du ciel dans la direction du soleil qui venait de se coucher. Je désirais rester sur la montagne toute la nuit et ne rentrer chez moi qu'au petit matin afin de profiter du lever du soleil. Dès que j'eus ce désir, un beau sac de couchage apparut à mes pieds. Il était totalement différent de tous ceux que j'avais vus. Je me baissai pour en examiner le tissu peu ordinaire. À mon grand étonnement, je vis qu'il était chaud et dégageait de la lumière. Alors que je levai les yeux, Saint Germain, souriant, me tendit une coupe de cristal remplie d'un liquide doré ayant un peu la consistance du miel. Me conformant à son désir, je bus. Une lueur rayonnante me traversa instantanément tout le corps. Dès que j'eus fini de boire, la coupe disparut de ma main.

«Ne pouvais-je conserver ce bel objet?», dis-je, étonné. «Patience mon Fils, me répondit-il. Tous vos désirs ne se trouvent-ils pas comblés un à un? Votre sac de couchage restera jusqu'à l'aube, et votre amie la panthère vous protégera durant la nuit.»

Avec un sourire qui était la grâce même, il s'inclina légèrement, puis son corps s'effaça progressivement et disparut. Je m'étendis dans ce beau sac et m'endormis rapidement. Je me réveillai avec les premières lueurs sur l'horizon. Ma première pensée alla vers ce sac que j'avais tellement apprécié. Aussitôt il s'évanouit et retourna à la substance universelle d'où il était venu.

La panthère vint vers moi, et ensemble nous prîmes le chemin du retour. Après quelque temps nous entendîmes des voix humaines. L'animal se mit à flairer, puis s'arrêta brusquement face à moi en me regardant. Je le caressai et lui dis:

«Va maintenant!» D'un bond il se précipita vers le secteur densément boisé de la montagne, à droite du sentier. Je rentrai sans incident et j'arrivai chez moi un peu après midi, dans un état d'esprit que des mots peuvent difficilement décrire.

Je désirais penser, contempler, digérer et m'ajuster à ces éléments totalement nouveaux. Les événements pour le moins inhabituels et pourtant très réels que j'avais vécus durant les dernières quarante-huit heures m'entraînèrent à réorganiser complètement ma vie. Je me sentais heureux à l'extrême, et, pourtant, un autre univers semblait s'être manifesté autour de moi. Le même vieux monde extérieur était encore là, que j'avais toujours considéré comme certain; mais l'était-il? Au-dedans de lui ces événements existaient en permanence - cette puissance fantastique - ces extraordinaires révélations de liberté et de Maîtrise sur toute manifestation, et je ne les avais pas connus.

Toute ma vie durant j'avais été entouré de ces soi-disant miracles, et pendant toutes ces années ils m'étaient demeurés inconnus, comme si rien de tel n'existait dans la création. J'y pensai encore et encore de plus en plus profondément, comme je ne l'avais jamais fait auparavant. L'heure du repas arriva, mais je n'avais pas faim. Néanmoins, pour commencer, je commandai un verre de lait. Après qu'il me fut servi, imaginez ma surprise, en le goûtant, de voir qu'il s'était transformé en un *liquide crémeux* comme celui que Saint Germain m'avait offert la première fois.

Après le repas, je rentrai chez moi. Je me préparai à prendre mon bain avant de me coucher quand, soudainement, ce signal électrique maintenant familier me traversa de la tête aux pieds. Bien involontairement je tendis la main, et au bout de quelques secondes un petit pain fait d'une substance cristalline apparut dans le creux de ma main. Je sus aussitôt que je devais le mettre dans mon bain. À peine l'avais-je laissé tomber dans l'eau qu'il se mit à faire des bulles et à bouillonner comme s'il était plein de Vie.

Je rentrai dans l'eau. Une sensation de picotement activa chaque cellule de mon corps. Je me sentis *chargé* d'un fort courant électrique qui illumina et renforça tout mon être. Après mon bain, je m'étendis et m'endormis rapidement d'un sommeil sans rêve.

Chapitre 3

Le Teton Royal

es quatre jours suivants passèrent bien tranquillement, et j'essayais de prendre pleinement conscience du sens profond de ce que je venais de vivre. Le soir du cinquième jour, alors qu'il commençait à faire sombre, j'entendis frapper à la fenêtre de ma chambre. Regardant à l'extérieur, je vis qu'il y avait une colombe blanche comme neige sur le bord de la fenêtre, tenant dans son bec une petite carte. J'ouvris. La colombe entra, puis attendit calmement. Je pris la carte pour en lire le message. Il était rédigé dans la même écriture script que la précédente, sauf que l'encre était de couleur or, et la carte, blanche. Le texte disait:

«Soyez à notre lieu de rendez-vous à sept heures du matin», signé «Saint Germain.»

Dès que j'eus pris la carte, la colombe se posa sur mon épaule et se mit à frotter sa tête contre mon visage, comme pour me transmettre un message d'amour. Puis elle s'envola par la fenêtre et disparut comme une flèche. Espérant conserver la carte, je la rangeai soigneusement. Mais le lendemain matin, avant de me mettre en route, je me rendis compte qu'elle s'était évanouie. La carte dorée, sur laquelle avait été inscrit le premier message, avait duré trois jours. Je l'avais regardée plusieurs fois, espérant pouvoir la garder. Quelle ne fut pas ma déception quand je me rendis compte qu'elle avait été retournée à la substance universelle.

Pour parcourir les quinze kilomètres à pied et être au rendez-vous à sept heures, il me faudrait partir un peu après minuit. Je me levai tôt, et à trois heures j'étais en route. En marchant vite, j'atteignis la forêt à l'aube. Peu après, j'entendis un cri plaintif. Presque automatiquement je répondis de la même manière. J'entendis quelque chose qui courait dans le bois: mon amie la panthère bondit vers moi toute remplie de joie. Je la caressai, puis nous continuâmes ensemble vers le lieu du rendez-vous.

Exactement à sept heures, Saint Germain sortit de l'atmosphère et m'accueillit à bras ouverts. Cette fois-ci, il me tendit la coupe de cristal remplie d'un liquide clair et pétillant. Je bus. La saveur était différente de tout ce que j'avais goûté auparavant. Cela ressemblait un peu à du jus de pamplemousse glacé, mais très pétillant. Dès que je bus, une sensation électrique me traversa le corps, le vivifiant de part en part. Saint Germain donna un petit biscuit brun à la panthère qui le dévora sans attendre. Aussitôt tout son poil se dressa. Il me dit: «Votre amie ne tuera plus de chevreuils.

«Pour cette nouvelle instruction, vous devrez laisser votre corps ici sur la montagne parce que vous n'avez pas encore suffisamment appelé la Puissance intérieure pour pouvoir l'emmener avec vous là où nous allons aujourd'hui. La panthère montera la garde, et, comme précaution supplémentaire, je placerai autour d'eux le manteau d'invisibilité. Nous allons au Teton Royal. Venez.»

Je me retrouvai aussitôt dans mon corps subtil, habillé d'un superbe vêtement en *tissu doré luminescent*. «Regardez attentivement le tissu dont vous êtes vêtu, me dit-il. La substance de ce vêtement possède certaines qualités et propriétés extraordinaires dont l'une est de permettre à celui qui le porte de soulever et de transporter des objets physiques. Le vêtement lui-même possède une pure énergie électronique et peut servir à déplacer des objets tout comme le fait la force du corps physique. C'est la première fois que les grands Maîtres d'Ascension permettent d'utiliser cette activité remarquable sur Terre.»

Je dois dire ceci à mes lecteurs: bien qu'étant alors dans un corps fonctionnant dans les quatre dimensions, je pouvais cependant ressentir et manipuler les objets solides du monde physique, tout comme on le fait dans son corps physique ordinaire. Le corps dont je me servais à ce moment-là n'était pas ce qu'on nomme parfois le corps astral.

Nous atteignîmes bientôt le sommet d'une majestueuse montagne qui veille sur l'une des plus splendides régions des États-Unis. De vastes forêts tapissaient le sol, et de grandes chaînes de montagnes riches en minéraux encore intacts s'étendaient à perte de vue. Nous nous rendîmes à un endroit parsemé d'énormes blocs de pierre, comme s'ils avaient été jetés çà et là par des géants en colère. Saint Germain toucha l'un de ces gros blocs. Aussitôt, cette énorme masse se dégagea d'environ un mètre de sa position initiale. Il me fit signe de le suivre. Nous entrâmes et, à mon grand étonnement, une grande porte de bronze se dressait devant nous. «Elle se trouve ici depuis l'époque qui précède l'engloutissement de l'Atlantide, il y a plus de douze mille ans», me dit-il.

Il s'avança et appuya sur certains points de la porte. Cette énorme masse de bronze de plusieurs tonnes s'ouvrit lentement et nous permit d'accéder à une salle spacieuse de laquelle descendait un escalier taillé dans le roc. Nous descendîmes quelque soixante mètres pour atteindre une autre chambre, circulaire cette fois. Saint Germain traversa la pièce et posa sa main droite sur la porte située en face des escaliers. Celle-ci s'ouvrit. Elle donnait sur un ascenseur tubulaire dont l'intérieur paraissait être de l'argent dépoli. Répondant à ma pensée, il me dit:

«Oui, mais plus dur et plus solide que l'acier, et indestructible.» Un disque plat fait du même métal, et s'ajustant parfaitement dans le tube, s'éleva jusqu'au niveau du sol. Le Maître contrôlait entièrement l'opération de l'ascenseur. Il entra, et je le suivis. La porte se referma et nous commençâmes à descendre lentement. Après un bon moment l'ascenseur s'arrêta face à une autre porte de bronze, mais très différente de l'autre.

«Nous avons descendu six cents mètres et nous voici au coeur de cette montagne», me dit-il en quittant l'ascenseur. La salle dans laquelle nous nous trouvions était d'une conception vraiment particulière. Elle avait une forme allongée orientée est-ouest. Les coins nord-est et nord-ouest avaient été taillés à angle, formant une salle de réception à part. La lourde porte de bronze de l'ascenseur donnait sur le mur nord-est de cette salle. Sur le côté nord il y avait deux autres grandes portes de bronze identiques, donnant sur une grande salle d'audience. Sur le mur nord-ouest se trouvait une quatrième porte semblable à la première. En face, sur le long mur du sud il y avait une immense tapisserie.

Elle était faite d'une étoffe vraiment originale. La texture était grossière, et pourtant la fibre était aussi douce que du poil de chameau. Le fond était d'une délicate couleur crème. La tapisserie représentait deux êtres grandeur nature, figures d'Êtres Divins d'une grande Puissance et d'une grande Majesté. Celui de droite était masculin, l'autre féminin. Ils avaient tous deux une attitude d'autorité, comme si les Forces du Cosmos s'apprêtaient à obéir à leurs décrets.

Le personnage masculin portait une longue robe faite d'un tissu épais de couleur bleu saphir, rayé et richement brodé d'or. De toute évidence, c'était la robe d'un monarque, ou un symbole d'autorité. Sous cette robe, il y avait une tunique en tissu doré ressemblant à du métal. Des rubis, des diamants, des saphirs et des émeraudes dessinaient un soleil sur la poitrine. Il portait à la taille une ceinture de pierres précieuses à laquelle était fixé un tablier d'environ trente centimètres de long, richement serti de pierres précieuses. La tunique descendait jusqu'aux genoux, et sa bordure inférieure était décorée d'une bande de soie de dix centimètres de largeur, richement brodée, ayant la même couleur que les pierres précieuses.

L'ensemble donnait l'impression que ces vêtements étaient *tous* luminescents. Les pieds étaient chaussés de bottes ressemblant à des sandales en cuir doré, tressées de cordons bleu saphir, montant presque jusqu'aux genoux. Un bandeau en or d'environ quatre centimètres de large était posé sur le milieu du front, retenant des cheveux dorés ondulés qui descendaient un peu plus bas que les épaules.

Le teint était clair, légèrement rosé, et les yeux étaient d'un violet bleuté très profond. Les doigts de la main gauche reposaient doucement sur le coeur, et la main droite, levée vers le haut, tenait un sceptre de cristal éblouissant, signe de puissance et d'autorité. Le bas du sceptre se terminait en forme de pointe, et le haut portait une sphère d'environ huit centimètres de diamètre de laquelle jaillissaient des rayons de Lumière Blanche. Il était clair que ce personnage représentait quelqu'un qui détenait une puissance gigantesque et maîtrisait une énorme Force cosmique. L'expression générale était celle de la pleine jeunesse, et pourtant les yeux rayonnaient la sagesse d'un âge très ancien.

La robe du personnage féminin était violet foncé, brodée de bandes dorées comme celle de son compagnon. Sous la robe, il y avait un tissu souple, doré et brillant, qui touchait presque le sol. Les fils qui ont servi à tisser les vêtements de la tapisserie devaient être ceux des vêtements de l'époque. Cet Être portait une ceinture de pierres précieuses et un tablier qui descendait à cinq centimètres en dessous des genoux; les pierres étaient les mêmes que celles de l'autre personnage. Sous la bordure de la robe, on distinguait le bout de sa sandale de droite, faite de cuir doré. Comme coiffure, elle portait simplement un bandeau en or pareil au sien. Les yeux étaient également bleu violet, un peu plus clairs que les siens, et les cheveux dorés descendaient jusqu'aux genoux.

Une grande étoile à sept branches, taillée dans un diamant et suspendue à une chaîne en or, reposait sur la poitrine. La main gauche portait une sphère de cristal d'environ quinze centimètres de diamètre. La main droite, levée vers le haut comme celle de l'autre personnage, tenait un sceptre vraiment original. Les deux tiers de sa partie inférieure étaient en or et se terminaient en forme de pointe. Le tiers supérieur était fait d'une substance ressemblant à du cristal et rayonnait une grande lumière. Le haut se terminait en forme de Fleur de Lys, sauf que la pointe centrale était plus longue et très effilée sur ses quatre faces.

Le pétale recourbé de droite était d'un très beau rose. Celui de gauche était d'un profond bleu saphir. Celui du milieu était blanc comme du cristal. Les trois pétales étaient transparents et rayonnants de Lumière. Les sections d'or et de cristal fusionnaient parfaitement car il n'y avait entre elles aucune ligne de démarcation. Ce sceptre représentait la Triple Activité de la Force Créatrice. La sphère de cristal dans la main gauche révélait la Perfection non manifestée du futur dans son Activité Cosmique. Les deux sceptres représentaient la condensation et l'orientation de la Puissance Créatrice en substance universelle en vue d'une manifestation spécifique. Ils étaient splendides et rayonnants, même en tapisserie, et je me demandais bien ce qu'ils avaient été en *réalité*. Pendant que j'observais attentivement l'ensemble, Saint Germain attendait patiemment, tant j'étais fasciné par la splendeur de l'oeuvre.

«Ces deux grands Êtres furent les fondateurs de cette Retraite», me dit-il, alors que nous nous engagions par la porte de bronze, sur notre droite, pour entrer dans une grande salle qui, à l'évidence, était la grande salle du conseil servant à quelque cérémonie sacrée. L'atmosphère rayonnait beauté et splendeur. C'est à peine si mes mots peuvent exprimer ce que mes yeux ont vu et ce que j'ai pu ressentir. Il me fallut un moment pour m'accoutumer à la splendeur éblouissante de cet endroit.

Cette salle avait au moins soixante-dix mètres de longueur, trente de largeur et quinze de hauteur. Une douce lumière blanche remplissait l'atmosphère. Saint Germain m'expliqua qu'il s'agissait d'une force omniprésente que les Grands Êtres utilisent toujours pour la lumière, le chauffage et l'électricité. À l'autre extrémité de la salle, les murs latéraux étaient en onyx blanc sur une longueur d'environ six mètres. Là où s'arrêtait l'onyx, les bâtisseurs avaient coupé à travers une grande veine d'or natif de plus de soixante centimètres de largeur. La section principale des murs latéraux était en granit bleu pâle; mais par là où nous étions entrés, la structure naturelle changeait pour du granit rose encore plus fin. La surface des murs, du plafond et du plancher avait été finement polie par quelque remarquable procédé.

Le plafond en forme de voûte s'élevait d'environ trois mètres au-dessus des murs; il était décoré d'incrustations absolument uniques. En plein centre se trouvait un disque d'or d'au moins quatre mètres de diamètre. À l'intérieur de ce disque - les pointes touchant sa circonférence - rayonnait une étoile à sept branches entièrement composée de *diamants jaunes*, masse imposante de Lumière Or étincelante.

Rayonnant de ce Soleil Central, deux anneaux de couleur, d'environ trente centimètres de largeur chacun, formaient une bande de Lumière autour de l'étoile. L'anneau intérieur était rose; l'autre était d'un violet intense. Le fond sur lequel était posée cette étoile ressemblait à de l'or givré. L'étoile dirigeait vers le bas de grands rayons de brillante Lumière cristalline.

Autour de cet ensemble, il y avait sept disques plus petits, d'environ soixante centimètres chacun, représentant les planètes de notre Système et les sept rayons de couleur contenus dans la Lumière blanche. La surface de ces disques paraissait aussi douce que du velours, et chacun avait sa propre couleur, très claire, intense et lumineuse.

Comme je l'appris plus tard, à certains moments et pour des raisons spécifiques, les grands Êtres Cosmiques déversent leurs puissants courants de force à travers ces disques. C'est ici que ces grands Êtres Lumineux et désintéressés, appelés Maîtres d'Ascension, reçoivent cette Énergie pour la redistribuer à l'humanité de notre Terre. Ce rayonnement agit sur les sept Centres ganglionnaires qui se trouvent dans les corps humains vivant sur cette planète, ainsi que sur les animaux et les plantes. Le plafond avait la couleur d'un ciel très clair par une nuit de lune brillante, et pourtant sa surface était fortement réfringente.

Au centre de l'autre extrémité de la salle et à environ dix mètres du plancher, il y avait dans le mur un grand oeil d'au moins soixante centimètres de large. Il représente "l'Oeil du Créateur qui voit tout" veillant constamment sur Sa Création, et à qui on ne peut rien cacher. À certains moments, et pour atteindre des résultats spécifiques, rayonne une puissance formidable focalisée par cet oeil. En l'observant je me demandais ce que je ressentirais à voir cette puissance en pleine action.

À environ douze mètres de l'extrémité du mur Est, et couvrant une surface d'environ vingt mètres sur neuf, se trouvait un panneau fait d'une substance précipitée. Il commençait à un peu plus d'un mètre et demi du plancher. Étant renfoncé de cinq centimètres dans le mur, il avait ainsi une forme concave.

La substance de ce panneau ressemblait à du beau velours d'un bleu indigo profond, mais ce n'était pas du tissu. L'élément physique le plus ressemblant serait un minéral. Cette substance n'existe pas chez les humains de la Terre, mais les grands Maîtres d'Ascension peuvent la précipiter au besoin. Saint Germain m'expliqua que ce panneau avait été précipité et servait de miroir universel pour l'instruction d'Initiés et de membres Intérieurs d'un groupe d'Êtres hautement évolués. Ces Grands Êtres oeuvrent sans relâche pour aider l'humanité de notre Terre à devenir des femmes et des hommes Parfaits, et leur permettre de manifester dans leur vie extérieure la même grande Perfection et la même Autorité que Jésus le Christ exprimait.

Il n'existe aucune organisation extérieure de ces Êtres Parfaits. C'est seulement en vivant et en exprimant cette Perfection par la correction de ses faiblesses humaines, et en adorant sans réserve l'Être Divin intérieur, qu'un individu peut naturellement s'associer à Ceux qui oeuvrent à ce *haut niveau* de réalisation.

«Sur ce panneau, me dit Saint Germain, on projette des scènes de la Terre, des images du monde éthérique, la mémoire akashique et les activités ayant lieu sur Vénus ou ailleurs, que les Instructeurs désirent montrer aux étudiants. Ces scènes ne sont pas seulement des images du passé et du présent, mais elles peuvent aussi révéler des activités appartenant à un futur lointain. Vous en verrez plus tard.» Empruntant la dernière porte sur notre droite, nous entrâmes dans une salle d'environ vingt-quatre mètres de longueur, douze de largeur et six de hauteur. Le plafond était voûté comme dans la salle précédente.

«La finition intérieure de cette salle est entièrement faite d'or mat, et les veines pourpres et vertes qui semblent être gravées sur les murs, sont en réalité précipitées», continua-t-il. À l'autre extrémité du mur de droite, allant du plancher jusqu'au plafond, il y avait un rayonnage en métal blanc ressemblant à de l'argent dépoli. Il contenait des coffrets sur roulettes faits du même métal. Les couvercles indiquaient, en hiéroglyphes, la classification de leur contenu qui se trouvait sur les quatre tiges, elles-mêmes à l'intérieur de chaque coffret. Les hiéroglyphes étaient gravés sur chaque couvercle.

Les tiges avaient au moins vingt-cinq centimètres de longueur. Sur chacune était enroulé un ruban d'environ vingt centimètres de largeur. Les rubans étaient en or pressé allié à une autre substance qui les rendait flexibles, bien que n'étant pas plus épais qu'une simple feuille de papier. La longueur de ces rubans en or enroulés sur les tiges, variait de deux à quinze mètres. Des caractères étaient inscrits sur chaque ruban comme si on les avait gravés avec un stylet. Leur perfection était telle qu'on aurait dit de l'écriture script. M'indiquant une certaine section située à l'extrémité du mur, il me dit: «Ces archives viennent remplir la promesse que je vous ai faite. Elles décrivent la ville, le pays et la civilisation qui existaient autrefois là où se trouve le désert du Sahara aujourd'hui, alors que vous étiez mon fils et que je gouvernais cet ancien empire. Cette salle contient les archives de plusieurs pays et celles de la croissance et de la chute de nombreuses civilisations.» Il me remit l'une des tiges et défit son attache. À ma grande surprise, je me rendis compte que je pouvais lire le texte.

Il continua: «Je vous en rends capable en élevant temporairement votre niveau de conscience et en rappelant la mémoire cachée, le registre ancestral des événements que vous avez déjà vécus. Connaître Dieu et son Univers consiste simplement à contacter le Registre de Vie qui se trouve dans toute forme. Toute forme contient la Vie, et à l'intérieur du rayonnement de Lumière émanant de toute forme est enregistré tout son passé; n'importe qui peut s'entraîner à le découvrir et à le comprendre, pourvu que l'individu veuille bien donner temps et attention à la discipline personnelle nécessaire pour apaiser la confusion de son activité extérieure de tous les jours. Ce registre éternel inscrit en toutes choses existe depuis le commencement.

«Dans les âges anciens, l'humanité exprimait la Perfection en tout. Cet état premier de la race a été rapporté par les historiens et nommé le Jardin d'Éden - Éden ou E-Don signifiant Sagesse divine. Au fur et à mesure que l'attention consciente, l'activité extérieure du mental, devint centrée sur le monde des sens physiques, la 'Sagesse Divine', l'Activité Omnisciente de la conscience, se trouva voilée, recouverte, et le 'Plan Cosmique Divin' de la Vie de l'individu fut englouti. La Perfection et la Maîtrise consciente des humains sur la forme se perdirent et furent oubliées.

«Au lieu d'une Conscience Divine, l'homme acquit une conscience sensorielle, et ainsi il manifesta *cela* sur quoi son attention était dirigée et ce à quoi il pensait le plus. *Délibérément* et *consciemment*, il tourna le dos à la Perfection et à l'Autorité que le Maître Suprême lui avait offertes dès le commencement. Il créa lui-même ses expériences de manques, de limitations et de discordes de toutes sortes. Au lieu de s'identifier au tout, il s'identifia à la partie, et bien sûr l'imperfection en fut la conséquence.

«Toute limitation humaine est le résultat d'un usage négatif par l'individu, de son attribut divin de liberté de choix. Il s'oblige ainsi à vivre dans les limites de ses créations personnelles jusqu'au moment où, par un acte de libre volonté de son mental extérieur, il se tourne à nouveau consciemment vers son origine Royale, Dieu, la grande Source de Tout. Quand cela se produit, l'individu commence à se remémorer ce qu'il a déjà été. Il peut ainsi redevenir qui Il Est vraiment, dès qu'il choisit de regarder en face sa 'grande Réalité Cosmique'.

«Les archives que vous avez pu lire décrivaient la population et la Vie telle que nous l'avons vue se dérouler il y a soixante-dix mille ans. Vous avez participé activement à la production de ces archives durant plusieurs existences qui ne vous ont pas encore été révélées.»

Nous traversâmes la salle du conseil. La porte d'en face nous permit d'accéder à une salle aux dimensions semblables à celle que nous venions de quitter. Du côté nord il y avait deux pièces adjacentes. Dans la plus grande des deux, et couvrant presque tout le mur, se trouvaient d'autres rayonnages de métal remplis de coffrets semblables à ceux de l'autre salle.

«Ces salles, poursuivit-il, contiennent seulement de l'or et des pierres précieuses destinés à une activité particulière qui sera un bienfait pour le monde entier, une fois que les humains auront transcendé leur égoïsme incontrôlé.» Il sortit un coffret rempli de pièces d'or et continua: «Cet Or espagnol fut perdu en mer. Voyant qu'il ne serait jamais retrouvé, nous l'avons apporté ici en utilisant certaines forces dont nous sommes maîtres. Dans un futur rapproché, il sera distribué dans le monde extérieur.»

M'indiquant une autre section, il me dit: «L'or contenu dans ces coffrets provient des continents perdus de Mu et d'Atlantide, des anciennes civilisations du désert de Gobi et du désert du Sahara, ainsi que d'Égypte, de Chaldée, de Babylone, de Grèce, de Rome et d'autres. Si tout cet or devait être retourné aux activités du monde extérieur, cela demanderait un réajustement brutal de tous les secteurs de la vie quotidienne. Dans l'état actuel des choses, ce serait contraire à la sagesse. La Puissance et la Sagesse infinies de ces grands Maîtres Cosmiques, qui sont les Gardiens de la race depuis son apparition sur Terre, sont pratiquement au-delà de la compréhension du mental humain.

«Personne en ce monde n'a jamais accumulé d'énormes richesses sans l'aide et le rayonnement d'un Maître d'Ascension. Il arrive parfois que certains individus puissent devenir un foyer de grandes richesses afin de rendre un service spécifique. Dans ce cas, ils reçoivent un rayonnement accru de puissance et obtiennent ainsi une aide individuelle. Une telle expérience est à la fois un test et une occasion pour eux d'augmenter leur Lumière. Toute réalisation humaine sortant de l'ordinaire, quel qu'en soit le canal d'expression, est toujours le résultat de la Sagesse, de la

Puissance et de l'Amour surhumains d'un Maître d'Ascension, parce que Celui-ci a transcendé toutes les limites du monde physique. Ainsi, toute réussite sortant de l'ordinaire est due à Son énorme Puissance qu'il communique par *rayonnement*.

«En mil huit cent quatre-vingt-sept, l'Assemblée des Maîtres d'Ascension a fondé une école sur les plans Intérieurs afin d'instruire ceux qui ont mal employé les richesses, en leur montrant les conséquences de leurs erreurs. Il leur est expliqué la Vérité concernant la Loi Universelle qui gouverne la richesse et ce qui se produit s'ils influencent d'autres personnes à promouvoir leurs idées négatives et leurs erreurs. Ils sont totalement libres d'accepter ou de rejeter les preuves avancées. Et ils acceptent *toujours* et suivent les instructions communiquées.»

Ensuite, nous entrâmes dans les deux petites salles à l'intérieur desquelles il y avait aussi ce type de coffrets; ils étaient seulement un peu moins grands, mais remplis de pierres précieuses - diamants, rubis, perles, émeraudes et saphirs - classées par espèces et quantités. Il se tourna vers moi en souriant et me dit: «Maintenant vous savez et comprenez que le grand Être Divin intérieur est le seul Véritable Possesseur et Contrôleur de *toute* richesse. Cette 'Présence' nomme les Gardiens de Ses trésors à tous les niveaux de la Vie, que ce soit pour la Lumière, la Sagesse, la Substance ou les richesses physiques. Je vois que vous êtes calme et serein pendant que nous observons ces choses, et c'est bien. Cela révèle votre force Intérieure et votre capacité d'accomplir ce qui est à faire dès que vous aurez été extérieurement préparé. Et cela est pour bientôt, je vous l'assure.

«Vous avez vu les *preuves* que c'est nous qui gouvernons véritablement les richesses du monde et qui les utilisons pour tester la force d'âme de l'individu. Il s'agit toujours d'une *confiance* faite à ceux qui devraient être suffisamment forts pour s'en servir de manière constructive. Mais très peu réussissent le test dans les conditions de tentation qui prévalent dans le monde aujourd'hui. Si nous le désirons, nous pouvons élever le plus humble des enfants de Dieu, suffisamment préparé, jusqu'à la richesse, la puissance et la notoriété, si une telle promotion peut en aider un grand nombre.»

Après avoir examiné d'autres coffrets remplis de pierres précieuses, nous sommes retournés à la salle du conseil. Regardant vers l'entrée par laquelle nous étions venus, je vis mes bien-aimés, Lotus et notre fils, en compagnie de l'un des Maîtres d'Ascension que Saint Germain appelait Amen Bey. Après les échanges de bienvenue, on nous fit asseoir face au grand panneau du mur Est. Les Maîtres d'Ascension arrivèrent par groupes de trois à douze. Au total, soixante-dix Maîtres d'Ascension prirent place.

Un grand calme se fit sentir, et durant quelques instants le silence était total, absolu. Une boule de douce Lumière Blanche commença à se former devant le panneau. Sa taille et son éclat augmentèrent rapidement, puis elle prit la forme d'un ovoïde d'au moins deux mètres de hauteur. Comme s'il naissait de l'intérieur de cette Lumière, un Être vraiment Magnifique en sortit, grand, majestueux et puissant. Il fit le signe qui unit le fini et l'infini puis, d'une voix qui faisait vibrer chaque particule du mental et du corps, il demanda si nous étions tous prêts.

Une Lumière éclatante jaillit de la substance du panneau, jusqu'au point où on aurait dit un miroir de vivante Lumière. Maintenant on voyait une atmosphère claire comme du cristal: le panneau devint un écran cosmique sur lequel se formaient des images vivantes en plusieurs dimensions et sans limite dans l'espace. Il devint évident que tout ce qui s'était passé ou se passerait durant l'Éternité pouvait être projeté sur cet écran, si l'Intelligence qui l'opérait le désirait. Les premières scènes représentaient le continent de 'Mu' ainsi que les activités et les réalisations de son peuple, et l'apogée de cette civilisation. Cela couvrait une période de plusieurs milliers d'années. Il y eut ensuite des événements qui durent être un véritable cauchemar pour ces gens. Un cataclysme survint qui déchira la surface de la terre, engloutissant tout. L'ancienne Terre de Mu sombra sous les vagues de ce qui est aujourd'hui l'Océan Pacifique. Elle y gît toujours, recouverte d'eau. Un jour, elle remontera à la surface, et une fois encore absorbera la Vie et la Lumière du Soleil physique.

Ensuite, on vit l'Atlantide: sa croissance vers la beauté, la sagesse et la puissance. C'était un grand continent qui occupait la majeure partie de l'Océan Atlantique actuel. À cette époque il y avait une terre ferme entre l'Amérique centrale et ce qu'on appelle aujourd'hui l'Europe. Les réalisations de cet âge furent extraordinaires. Mais, encore une fois, l'usage négatif de la puissante Énergie de Dieu s'empara des habitants. La conséquence fut un déséquilibre croissant: une fois de plus, un cataclysme déchira la surface de la terre.

Il n'en resta qu'une petite île au milieu de l'océan, complètement isolée de toute civilisation. Les parties orientales et occidentales de l'Atlantide avaient été englouties sous l'Océan. Seule demeura cette île nommée Poséidonis. Elle était le coeur du monde civilisé connu. Tout fut mis en oeuvre pour protéger et préserver ses importantes activités afin d'en faire un foyer central qui permettrait de poursuivre le travail inachevé. Les réalisations spirituelles et matérielles de cette époque furent remarquables.

La technologie était très développée et l'une de ses plus extraordinaires réussites fut la navigation aérienne. Comparé à celui de l'Atlantide, le transport aérien d'aujourd'hui est encore assez primitif. Un tel progrès fut possible grâce aux grands Maîtres de Lumière et de Sagesse qui étaient les inspirateurs, les Instructeurs et les protecteurs du peuple atlante, et qui lui révélaient des connaissances de pointe dans tous les secteurs de l'activité humaine.

La majeure partie de la population devint consciente de la grande Puissance intérieure de l'Être Suprême individualisé. Mais comme par le passé, le côté humain de leur nature - les activités extérieures - s'empara de la grande Énergie de Vie. L'égoïsme et l'usage destructeur de cette puissance et de cette sagesse transcendantes commencèrent à dominer, encore plus qu'autrefois. Les grands Maîtres de l'Ancienne Sagesse virent que la population générait encore une force destructrice et qu'un troisième cataclysme se préparait. Comme auparavant, ils mirent le peuple en garde avec insistance; mais seuls ceux qui servaient la 'Lumière' écoutèrent. On construisit alors de grands édifices en matériaux impérissables à l'intérieur desquels furent placées des archives qui se sont conservées au cours des siècles. Elles se trouvent *actuellement* dans un état de préservation parfaite et reposent, hermétiquement scellées, au fond de l'Océan Atlantique. Les grands Maîtres en charge de leur préparation et de leur protection les ramèneront au grand jour.

Elles contiennent des données sur l'avancement et les réalisations de cette époque, et ne sont donc aucunement perdues pour l'humanité. En plus de ces archives, de grandes richesses, surtout de l'or et des pierres précieuses, ont été alors transférées dans des lieux sûrs. Elles sont conservées intactes depuis des siècles et serviront à l'avancement des générations futures.

Avec le cataclysme final, le dernier fragment de cet ancien empire terrestre fut englouti sous l'Atlantique pour y être purifié. Contrairement à la terre de Mu, le souvenir de l'Atlantide et de son peuple n'a pas été totalement effacé de la mémoire de la race, et il en est fait mention à différents moments de l'histoire. Même si douze mille ans se sont écoulés depuis l'engloutissement, des sources très diverses en font mention. La mythologie et les légendes abondent de référence à l'Atlantide, et ce sont deux avenues qui communiquent à l'humanité des informations concernant les âges anciens. Avec le temps, l'océanographie, la géologie et d'autres sciences apporteront des preuves irréfutables de son existence et de ses réalisations. Ensuite, nous vîmes les anciennes civilisations des déserts de Gobi et du Sahara, leur croissance et leur chute. Cette fois le déclin se manifesta non par des cataclysmes, mais par l'invasion de tribus primitives qui prirent corps durant cette époque.

Apparurent ensuite des images de l'Égypte, sa croissance et son déclin, celui-ci étant dû à l'usage destructeur délibéré de la connaissance et de la puissance par la majorité de ceux qui prirent corps dans ce pays. Leur qualification dominante était l'orgueil de leur niveau intellectuel et la révolte contre la Maîtrise de leur nature inférieure. Cela conduit toujours et infailliblement à l'échec, individuellement et collectivement.

L'Égypte atteignit un très haut niveau par l'usage juste de la connaissance et de la puissance. Pour ceux qui recherchent ces dons, cela exige toujours humilité, obéissance de l'intellect et contrôle absolu, inconditionnel de la nature humaine inférieure. Sans quoi la destruction s'ensuit. Les âmes qui avaient pris corps durant le déclin de l'Égypte n'étaient pas sous-développées comme ce fut le cas pour les civilisations du Sahara et du désert de Gobi. Au contraire, elles avaient atteint l'usage conscient de la connaissance et de la puissance, mais elles choisirent délibérément de s'en servir négativement. Agir ainsi n'a rien à voir avec la

Sagesse; et ceux qui sont les éternels héritiers des dons de cette toute Divine Créature doivent toujours être au-delà de *toute* tentation de mal employer la connaissance et la puissance. La Sagesse est l'usage juste de tout ce qui existe; et celui qui prend conscience de cette immuable Vérité, évidente en elle-même, devient une porte ouverte pour tout le bien que renferme la création. Dire que l'Égypte fut une terre de ténèbres est tout à fait injuste car durant un cycle précédent elle a rayonné une *très grande* Lumière, et encore une fois une *très grande* Lumière sortira d'Égypte.

La scène suivante montrait la croissance et la chute de l'Empire romain. C'est avec la culmination des ténèbres et de la déchéance de ces siècles qu'apparut, oui, Jésus! Il rayonna la Lumière et l'Amour étincelants du Christ lui-même. Par sa Transfiguration, sa Résurrection et son Ascension, un tel jaillissement de Perfection divine couvrit la Terre que *jamais plus* une telle noirceur ne dominera l'humanité. Les activités de sa Vie sont *imprimées pour l'éternité* sur l'atmosphère de cette planète et elles agissent comme un aimant qui attire l'humanité vers une semblable Perfection.

La venue de Jésus fut une initiation pour les Terriens ainsi qu'un Décret cosmique pour qu'ils se servent de leur Puissance d'Amour divin dans toutes leurs activités à venir. Le rayonnement de Son Amour sur Terre, alors qu'elle traversait sa période la plus sombre, fut la manifestation de l'Enfant Christ dans l'individu. Encore une fois il invoqua le Plan Divin cosmique et révéla le Décret pour l'Âge Nouveau. Ce plan est celui de la

Maîtrise complète sur toutes choses finies au moyen de la Présence Maîtresse du Christ dans tout être humain.

Vint ensuite le règne de Richard Coeur de Lion, roi d'Angleterre. L'humanité en sait très peu sur la véritable activité spirituelle qui eut lieu à cette époque. C'est cette même Lumière qui inspira l'enthousiasme et les actions de Richard durant les croisades et qui libéra, à travers ses compagnons et les gens de cette époque, certaines forces que les Maîtres d'Ascension ont pu utiliser aux niveaux Intérieurs de la conscience.

Il y eut ensuite des images de la première guerre mondiale en Europe et des activités qui la provoquèrent. Seules quelques personnes en connaissent la cause véritable, et c'est bien ainsi; cela est trop destructeur pour la conscience. Personne ne peut rien gagner à centrer son attention sur la guerre. C'est peut-être pourquoi il n'y eut aucune scène sur la période allant de Richard à la première guerre mondiale. Maintenant, l'écran montrait les activités des Légions de Lumière en train de consumer la cause et la majeure partie des forces accumulées durant le conflit.

Ils oeuvraient en concentrant et en dirigeant *consciemment* d'*énormes* Rayons de Lumière dont la puissance de purification et de transmutation est trop fabuleuse pour être décrite. Ces grands Êtres Parfaits veillent et attendent depuis longtemps l'arrivée de ce Moment cosmique qui leur permettra de manifester leur Service d'Amour pour l'humanité - Service attendu depuis longtemps, et presque totalement incompris de la plupart. Les magnifiques images continuèrent, dévoilant des activités d'un futur lointain qui affecteront la Terre entière. Il y aura de nombreux changements à la surface de la planète. L'un des plus importants concerne l'évolution de l'Amérique du Nord dont le Plan divin est une activité intense se déroulant dans la paix, la beauté, le succès, la prospérité, l'illumination spirituelle et la maîtrise. Elle portera la Lumière du Christ et elle doit 'Être' le Guide pour le reste de la Terre parce que l'Amérique doit devenir le Coeur du nouvel 'Âge d'Or ' qui se manifeste doucement à l'horizon. La majeure partie de la terre d'Amérique du Nord demeurera très longtemps. C'est une chose connue depuis des milliers d'années, oui, depuis plus de deux cent mille ans.

Pendant près de trois heures, il y eut d'autres images décrivant des scènes et des événements qui, à cause de leur grande ancienneté, sont totalement inconnus des historiens et des scientifiques. Aussi bonnes que puissent être les techniques cinématographiques d'aujourd'hui, elles ne sont que des jouets comparées aux images vivantes et qui respirent, représentées sur cet écran cosmique. Nous avons pu y voir l'activité de la Cause cosmique de nombreux événements et situations que la Terre connaît. Ainsi, ceux qui étaient présents ont reçu là une Instruction fondamentale. Cet Enseignement intérieur est très utile aux étudiants.

Quand ce fut terminé, Saint Germain nous présenta au grand Maître d'Ascension Lanto - Celui qui était sorti de l'éclatante Lumière - et, ensuite, aux soixante-dix Maîtres présents.

«C'est avec grande joie, dit Lanto en se tournant vers

nous, que nous accueillerons votre retour au Service conscient de cette oeuvre extraordinaire sur le point de s'accomplir. Une telle occasion se présente à vous grâce aux grandes victoires que vous avez obtenues sur le moi personnel et sur le monde extérieur. Le temps approche où vous aurez le privilège de voir la vraie splendeur de ces victoires. Chaque jour, acceptez sans réserve la plénitude de la 'Présence' Suprême du grand Dieu en action qui est en vous, et il n'y aura point d'échec sur votre route. Sans exception, les Maîtres d'Ascension connaissent tous ceux qui sincèrement recherchent la 'Lumière'. La veille du jour de l'an, nous nous retrouverons ici, et il y aura douze invités en provenance de Vénus. Nous avons le désir de vous voir présents. Saint Germain et Amen Bey vous parraineront.»

Au signal tout le monde fit silence pour recevoir la bénédiction d'Amour de Lanto avant de retourner, chacun, à son champ de Service respectif. En quelques instants, la plupart disparurent tout simplement. Les autres partirent par l'ascenseur.

«Mes enfants, je vois que vous avez perdu la notion du temps. Il est déjà trois heures du matin», dit Saint Germain. Il dit au revoir à Lotus et à notre fils qui, après m'avoir embrassé, s'en allèrent par la salle de réception extérieure. Franchissant la première porte à droite, Saint Germain dit: «Il y a encore une chose que j'aimerais que vous voyiez avant de partir. Voici un ensemble d'instruments de musique plutôt inhabituels qui ont une fonction bien précise. Ils sont construits ou créés de façon à émettre un son possédant une qualité spéciale pour les besoins du service que nous rendons.» Il se tourna vers un orgue et continua:

«Cela ressemble à un orgue sans tuyaux, mais ceux-ci se trouvent à l'intérieur du buffet et sont beaucoup plus petits qu'à l'ordinaire. La sonorité de cet instrument est supérieure à tout ce que la Terre a pu connaître auparavant en matière de musique. Avec l'arrivée du nouvel Âge d'Or, ces orgues seront utilisés dans le monde extérieur.»

Ensuite nous avons examiné quatre harpes splendides, un peu plus grandes que les harpes de concert d'aujourd'hui. Saint Germain s'assit et joua plusieurs accords pour me donner une idée de leur sonorité. C'était la musique la plus merveilleuse que j'avais jamais entendue. «Cette harpe est une surprise pour notre bien-aimée Lotus, dit-il, car la veille du jour de l'an, dans cette Retraite, vous entendrez cet orgue et quatre harpes joués par des artistes de talent.» Après avoir visité cette pièce, nous sommes sortis par la porte du mur nord-ouest.

Au lieu de retraverser la Retraite par là où nous étions venus, Saint Germain ouvrit une petite porte sur la gauche et entra dans une galerie lumineuse dont les murs étaient faits d'une substance étincelante comme du cristal; ils rayonnèrent instantanément une Lumière Blanche qu'il libérait toujours en manipulant la substance électronique autour de lui. Avançant rapidement dans cette galerie, nous arrivâmes à une porte de bronze qui s'ouvrit au contact de sa main. Encore une fois, nous étions sous le ciel étoilé.

Durant quelques instants, nous demeurâmes totalement silencieux, puis, nous élevant à quelque cent cinquante mètres du sol, nous traversâmes rapidement les airs. Peu après, je me tenais près de mon corps physique sur le flanc sud du Mont Shasta où la panthère était toujours de garde. J'étais parti durant vingt-deux heures et, levant les yeux, je vis que l'aube commençait à poindre en direction de l'Est.

«Voici votre petit déjeuner», m'annonça Saint Germain alors qu'il me tendait une Coupe de Cristal contenant un liquide clair, blanc et pétillant. «C'est à la fois fortifiant et rafraîchissant, de sorte que vous prendrez plaisir à marcher jusqu'à chez vous, parce que votre corps a besoin d'exercice et d'action. Je perçois quelque chose dans votre mental qui n'est pas à l'aise ou, du moins, qui n'est pas clair pour votre conscience.»

«Oui, répondis-je. J'ai une question en tête depuis un certain temps, et elle concerne la visualisation. Qu'est-ce que la véritable visualisation, et que se produit-il lorsqu'on visualise?»

Il me répondit: «La véritable Visualisation est la faculté et la Puissance de Vision de Dieu qui agit dans le mental de l'être humain. Lorsque vous visualisez dans votre mental un désir que vous voulez voir se manifester, vous employez l'un des moyens les plus puissants pour l'exprimer dans votre expérience visible et concrète. Chez plusieurs, il existe une grande confusion et une certaine incertitude concernant ce qui se produit lorsqu'on visualise ou qu'on forme des images mentales de ce qu'on désire. Nulle part dans l'univers une forme ne s'est jamais manifestée sans que quelqu'un ait consciemment maintenu une image de cette forme dans sa pensée; parce que toute pensée contient une image de l'idée qui est en elle. Même une pensée abstraite possède son image, ou du moins une image de la conception que l'on s'en fait.

«Je vais vous donner une instruction pratique qui permet à celui qui l'utilise de développer, de contrôler consciemment et d'orienter ses visualisations en vue d'atteindre un résultat précis. Elle comporte plusieurs étapes que chaque étudiant peut appliquer en tout temps. Quand cette instruction est pratiquée sérieusement, elle apporte des résultats visibles et tangibles. La première étape consiste à se fixer un plan précis ou un objectif à atteindre. Voyez à ce qu'il soit l'expression d'un désir constructif, honorable, et qui vaut le temps et l'effort que vous y consacrerez. Assurez-vous d'examiner les *motifs* qui vous incitent à exprimer une telle création. Ils doivent être honnêtes envers vous-même et envers les autres, et non pas être l'expression d'un caprice du moment ni un désir de satisfaire les appétits des sens physiques. Rappelez-vous qu'il existe une profonde différence entre l'usage, le désir et l'appétit. L'*usage* est l'accomplissement de la grande Loi universelle de Service. Le *désir* est l'activité d'expansion de l'Être Suprême par laquelle la manifestation est constamment maintenue et la Perfection s'accroît. L'*appétit* n'est qu'une habitude créée par la continuelle satisfaction de la nature émotionnelle; ce n'est qu'une énergie dirigée et colorée par les suggestions provenant de l'activité extérieure de la vie.

«Soyez certain que votre désir ne contient pas le sentiment caché d'obtenir un avantage personnel au détriment d'autrui. Les *vrais* étudiants, et seulement ceux qui se prennent fermement en main avec la détermination de discipliner et de contrôler leur moi humain, obtiendront un avantage réel de ce type de pratique. Ceux-là choisissent ce qu'ils veulent ou ne veulent pas dans leur univers personnel, et, au moyen de l'activité de visualisation mentale, ils conçoivent et manifestent un plan de vie parfaitement déterminé.

«La seconde étape consiste à formuler votre plan en mots de la façon la plus précise et la plus claire possible. Écrivez-le. Ainsi, vous gravez une inscription de votre désir dans le monde extérieur, visible et tangible. Pour la troisième étape, fermez les yeux et, dans votre mental, *voyez* une image de votre désir ou de votre plan et de son activité dans son état parfait et achevé. Méditez sur le fait que votre faculté de créer et de voir à l'intérieur de votre conscience est la faculté de vision de Dieu qui agit en vous. L'activité de *vision* et la puissance de *création* sont des attributs de la Présence individualisée de l'Être Suprême; vous savez et vous ressentez qu'Il est en vous en tout temps. La Vie et la Puissance de Dieu agissent à l'intérieur de votre conscience afin de projeter dans votre monde extérieur l'image que vous voyez et ressentez à l'intérieur de vous-même.

«Rappelez constamment à l'intellect que votre capacité de visualisation est un attribut de Dieu: Sa faculté de vision. Votre puissance de ressentir, d'expérimenter et d'y associer des images parfaites est la Puissance de Dieu. La substance utilisée dans le monde extérieur pour donner corps à votre image et à votre plan, est la pure substance de Dieu. Ainsi, vous devez absolument *savoir* que Dieu est Celui qui fait, l'action de faire, et le résultat de toute forme et de toute action constructives manifestées dans le monde extérieur. Lorsque vous utilisez cette méthode harmonieuse, il est impossible que votre plan ne puisse se manifester dans votre monde visible.

«Lisez votre plan ou votre désir le plus souvent possible tous les jours et aussi juste avant de vous coucher; parce que, en contemplant l'image de votre plan juste avant de vous endormir, vous en laissez dans votre conscience humaine une impression complète qui *ne sera pas dérangée plusieurs heures durant*. Cela lui permet de se graver profondément dans l'activité extérieure, ce qui finit par générer et accumuler une force qui projettera votre plan dans votre Vie extérieure. C'est ainsi que vous pouvez imprimer tout désir, toute image dans votre conscience alors qu'elle entre dans le grand Silence du sommeil. C'est alors que votre plan se trouve chargé de la Puissance et de l'Activité sans limite de Dieu qui résident constamment dans le coeur du grand Silence.

«Ne parlez jamais à qui que ce soit de votre désir ou de votre activité de visualisation. Ceci est impératif. N'en parlez pas non plus tout haut ou tout bas avec vous-même, parce que vous devez prendre conscience que plus l'accumulation d'énergie générée par votre visualisation, par votre contemplation et par votre *sentiment* de la *réalité* de votre image est grande, plus sa manifestation dans votre monde extérieur se fera rapidement.

«Des milliers de désirs, de projets ou d'idéaux auraient pu se manifester si les individus n'en avaient pas parlé avec leurs amis ou leurs connaissances. Lorsque vous décidez de manifester quelque chose au moyen de la visualisation consciemment dirigée, vous devenez la Loi, qui est Dieu, la Loi de l'Un qui n'a pas son contraire. Vous devez décider par vous-même et appuyer votre décret de toute votre force. Autrement dit, vous devez avoir une attitude inflexible et déterminée. Pour ce faire, sachez et ressentez que c'est Dieu qui désire, Dieu qui ressent, Dieu qui sait, Dieu qui manifeste et Dieu qui contrôle tout votre plan. Telle est la Loi de l'Un - Dieu - et Dieu seulement. Tant que cela n'est pas pleinement compris la manifestation ne pourra jamais se faire parce que, à partir du moment où un élément humain intervient, vous la retirez des mains de Dieu; de sorte que l'expression extérieure n'est pas possible puisqu'elle se trouve neutralisée par les colorations humaines de temps, d'espace, d'endroit, et mille et une autres conditions imaginaires qui n'existent pas dans la conscience de Dieu.

«Personne ne peut jamais connaître Dieu tant qu'il accepte une force opposée à Dieu; chaque fois qu'il reconnaît l'existence de deux forces en action, la résultante est une activité neutre et sans effet. Lorsqu'il y a neutralisation, la coloration est inexistante, dans un sens ou dans l'autre. La manifestation est donc absente. Lorsque vous reconnaissez Dieu - l'Un - seule la Perfection se manifeste aussitôt parce que rien ne peut s'y opposer ni la neutraliser - aucun élément de temps. Ainsi, cela est fait pour vous, car rien ne peut s'opposer à ce que Dieu décrète.

«Pour qui que ce soit, les conditions ne peuvent jamais s'améliorer, à moins que l'individu ne désire la Perfection et ne cesse d'accepter une puissance opposée à Dieu, ou une force en lui ou autour de lui qui puisse empêcher l'expression de la Perfection divine. Accepter une condition qui soit moins que la Plénitude de Dieu constitue un choix délibéré pour l'imperfection, et un tel choix amène la chute de l'homme. C'est là une attitude délibérée et intentionnelle parce que chacun est libre, à tout moment, de penser ce qu'il veut. En fait, cela ne demande pas plus d'énergie pour penser ou visualiser une image de Perfection qu'une image d'imperfection.

«Vous êtes le Créateur localisé concevant et créant la Perfection là où vous vous trouvez dans l'Univers. Et pour exprimer la Perfection et la Maîtrise, vous devez connaître et accepter uniquement la 'Loi de l'Un'. Cet Être Un contrôle absolument tout en chaque point de l'Univers et Il est présent partout. Vous êtes la conscience individualisée de la Vie, la Suprême 'Présence' Une de la grande Flamme d'Amour et de Lumière. Vous êtes le seul à Décréter et à Choisir les qualités et les formes dans lesquelles vous déverserez votre

Substance de Vie, parce que vous êtes l'unique vivificateur de votre monde individuel et de tout ce qu'il contient. Lorsque vous pensez ou ressentez, une partie de votre énergie de Vie s'extériorise pour nourrir ce que vous avez créé.

«Aussi, éliminez de votre esprit tout doute ou toute crainte concernant l'accomplissement de ce que vous visualisez. Au cas où de tels sentiments ou pensées d'imperfection, qui ne sont que des émanations humaines, atteindraient votre conscience, remplacez-les instantanément par votre acceptation inconditionnelle que vous-même et votre monde sont la Vie de Dieu, l'Un. Plus encore, n'y pensez absolument pas, sauf durant vos périodes de visualisation. Dans votre mental, ne fixez pas de temps quant aux résultats, mais sachez seulement qu'il n'y a que maintenant, le moment présent. Adoptez cette discipline, mettez-la en pratique, et alors vous pouvez manifester une puissance d'action irrésistible qui ne peut pas échouer et jamais n'a échoué.

«Rappelez-vous toujours ceci: Dieu-en-vous est Celui qui visualise; Dieu-en-vous est l'Intelligence qui dirige; Dieu-en-vous est la Puissance qui manifeste; c'est la Substance de Dieu-en-vous sur laquelle vous agissez. Plus vous prenez conscience de cela et plus vous en contemplez souvent la portée illimitée, alors tout dans l'Univers se précipite pour répondre à votre désir, à votre Décret, à votre image; car étant pleinement constructifs, ils sont conformes au Plan Divin originel pour toute Vie Soi-Consciente. Si le côté humain de l'individu s'accorde vraiment au Plan Divin et l'accepte, il ne peut y avoir ni retard ni échec, parce que toute énergie contient en elle-même la qualité fondamentale de Perfection et se précipite pour servir son Créateur. La Perfection est la seule prédestination qui soit.

«Votre désir ou votre image étant constructifs, vous êtes la Présence de Dieu qui voit Son propre Plan. Et lorsque Dieu voit, c'est un Décret irrévocable, un ordre pour que la manifestation se fasse maintenant. En créant la Terre et ce système de mondes, Dieu dit: 'Que la Lumière soit', et la Lumière apparut. Cela n'a pas demandé une éternité pour créer la Lumière. Le même Dieu Tout-Puissant est en vous *maintenant*, et lorsque vous voyez ou parlez, c'est Sa faculté de vision et de parole qui agit en vous et à travers vous.

«Si vous prenez conscience de ce que cela *signifie vraiment*, vous pouvez commander au Nom de Sa pleine Puissance et de Sa pleine Autorité parce que vous êtes Sa Conscience de Vie. Et c'est uniquement cette Conscience d'Être de votre Vie qui peut commander, visualiser ou désirer un Plan constructif et Parfait. Tout plan constructif est Son Plan. Ainsi, vous savez que c'est Dieu qui agit et qui commande: "Que ce désir, ce plan, se manifeste maintenant", et Cela Est!»

Saint Germain cessa de parler. Me disant au revoir, il me sourit, puis, pour quelque temps, il disparut. Accompagné de la panthère, je me mis en route vers chez moi. Elle avait passé vingt-quatre heures sans manger, et ce ne fut pas long qu'elle piqua vers le bois et disparut. Je continuai et, à onze heures, j'étais rentré. Je passai le reste de la journée à essayer de prendre pleinement conscience de ce que j'avais eu l'honneur de vivre, et à évaluer combien toute ma conception du monde avait changé d'une manière si inattendue.

Chapitre 4

Les mystères de Yellowstone

ept jours passèrent. C'était déjà la première semaine de septembre. Le soir du huitième jour, j'étais assis contemplant la Vie et la multitude de ses expressions lorsque ma pensée se dirigea naturellement vers Saint Germain. Immédiatement jaillit de moi un immense Amour pour lui, coloré d'une profonde reconnaissance pour tout ce que j'avais eu le privilège de vivre grâce à son aide et à sa Lumière. Le sentiment qu'une 'Présence' se trouvait dans la pièce commença à m'envelopper comme un souffle. Levant soudainement les yeux, je vis qu'il était là, souriant et rayonnant, la 'Présence même de la Divinité'.

«Mon fils, dit-il, suis-je un visiteur si inattendu que ma venue soit pour vous une surprise? Vous savez certainement que quand vous pensez à moi, vous êtes en contact avec moi; et quand je pense à vous, je suis avec vous. Durant votre méditation, votre attention était dirigée vers moi; aussi, j'apparais. N'est-ce pas conforme à la Loi? Pourquoi, alors, ne pas l'accepter comme une chose naturelle? Ce à quoi vous pensez, vous l'attirez à vous.

«Permettez-moi de vous suggérer ceci: entraînez-vous à ne jamais être surpris, déçu ni blessé dans vos sentiments, quelles que soient les circonstances; parce que la parfaite maîtrise, en tout temps, de toutes les forces qui agissent en vous, est la véritable Autorité, et c'est la récompense de ceux qui suivent le sentier de la 'Lumière'; car ce n'est qu'en corrigeant le moi humain qu'il est possible d'atteindre l'état de Maître.

«Souvenez-vous toujours que le droit de commander, c'est-à-dire l'Autorité, ne peut être conservé en permanence que par ceux qui ont d'abord appris à *obéir*. Parce que celui qui a appris l'obéissance à la 'Loi de l'Un', devient un Être de Cause uniquement; et cette Cause, c'est l'Amour. Ainsi, par similitude de qualité, il devient *réellement* la 'Loi de l'Un'. Soyez vigilant afin que rien ne sorte de vous, sauf ce qui est harmonieux. Et ne laissez pas un seul mot destructeur quitter votre bouche, même en blague. Rappelez-vous ceci: à chaque instant de l'Éternité vous êtes en relation avec une certaine force; et c'est vous qui la colorez en tout temps.

«Je suis venu vous chercher pour une importante excursion. Nous serons partis trente-six heures. Fermez les rideaux de votre chambre, verrouillez les portes et laissez votre corps au lit. Il sera bien gardé jusqu'à notre retour. Vous avez fait certains progrès intérieurs et vous allez maintenant vivre une expérience et un voyage des plus agréables et des plus intéressants.»

Je préparai mon corps à se coucher et rapidement je devins très calme. Un instant plus tard, j'étais debout hors de mon corps, habillé du même vêtement doré que j'avais porté lors de ma visite au Teton Royal. La sensation de densité que donnent ordinairement les murs avait disparu: en les traversant, je ressentais la même chose qu'en marchant dans un épais brouillard.

Cette fois-ci j'étais clairement conscient de me déplacer à travers l'espace. Je ne demandai pas où nous allions, mais bientôt nous atteignîmes le Teton Royal. Vers l'Est se dressaient les sublimes Rocheuses, et au-delà s'étendaient de vastes plaines qui un jour seront couvertes de végétation semi-tropicale et habitées par un peuple qui vivra dans la paix et l'abondance. Vers l'Ouest on distinguait la Sierra Nevada et la Chaîne des Cascades; plus loin on devinait la chaîne côtière dont le littoral est appelé à changer totalement. Vers le Nord on voyait le 'Yellowstone', dont les splendeurs voilent à l'actuelle civilisation d'Amérique ses mystères et ses merveilles du passé.

«Le mot Yellowstone, m'expliqua Saint Germain, a été conservé pendant plus de quatorze mille ans. À cette époque, la civilisation de Poséidonis avait atteint un très haut niveau, car il y avait un grand Maître d'Ascension à la tête du Gouvernement. C'est seulement durant les cinq cents dernières années qu'il y eut déclin, et que l'usage négatif de la grande sagesse se généralisa. À l'intérieur du Yellowstone actuel existait la plus riche mine d'or que le monde ait jamais connue. Elle appartenait au gouvernement, et une bonne partie de sa valeur fut consacrée à l'invention et à la recherche en chimie et en science.

«À soixante kilomètres de là se trouvait une mine de diamants. Les pierres extraites étaient des diamants jaunes, les plus beaux jamais trouvés sur cette Terre, avant ou après cette époque. Parmi les minéraux extraits de cette mine, il y avait des pierres très rares d'une grande beauté et d'une grande perfection. Une fois bien taillées, on y voyait au centre une petite flamme bleue qui ressemblait à de la Lumière liquide. Quand certaines personnes portaient sur elles ces pierres, le rayonnement de la Flamme était visible jusqu'à plus de deux centimètres de la surface de la pierre. Elles étaient tenues pour sacrées et ne servaient que durant les plus secrètes cérémonies des Maîtres d'Ascension. Seize d'entre elles sont encore précieusement conservées par la 'Fraternité du Teton Royal' et elles serviront encore au moment opportun. Le nom de 'Yellowstone' provient de ces magnifiques diamants jaunes.

«C'est vous, mon fils, qui avez découvert ces deux mines. Je vous montrerai les archives physiques de cette affirmation. Elles contiennent la date de leur découverte et de leur fermeture, la valeur extraite, la durée d'exploitation, les lieux d'expédition ainsi que la description des équipements qui traitaient le minerai en fusion, qui pouvaient extraire quatre-vingt-dix-huit pour cent du métal, et qui le coulaient en lingots à l'intérieur même de la mine. Ceci évitait toute opération en surface. C'est à cet endroit que se trouvent les doubles de ces archives.

«Dans votre vie sur Poséidonis, vous viviez dans une très belle maison avec votre soeur, aujourd'hui Lotus. Vous aviez tous deux établi et maintenu un étroit contact avec l'Être Suprême intérieur, de sorte que Dieu était vraiment en action en tout temps. Vous étiez employé par le bureau des mines, ce qui vous permit d'inventer et de construire un superbe vaisseau aérien dans lequel vous avez beaucoup voyagé au-dessus des zones montagneuses. Un jour, alors que vous étiez en profonde méditation, l'emplacement de ces mines vous fut révélé. Plus tard vous les avez découvertes, ouvertes et remises au gouvernement. Avec cette explication à l'esprit, je vais maintenant vous donner les *preuves* de ce que je viens de décrire, quoiqu'il n'existe aujourd'hui aucune trace de ces mines visible en surface. Venez, nous allons entrer à l'intérieur de la mine.»

En quittant le Teton Royal, j'étais parfaitement conscient de me déplacer rapidement à travers l'espace. Puis nous atteignîmes le Yellowstone. Nous descendîmes pour nous retrouver face à un mur de pierre vive.

«Voyez-vous un moyen d'entrer?» me demanda Saint Germain en se tournant vers moi. «Non, mais je sens que l'ouverture se trouve ici», répondis-je en indiquant un point précis sur la paroi de granit. Il sourit, puis, montant jusqu'au point désigné, il y posa sa main. Presque aussitôt nous faisions face à une porte métallique non scellée.

«Voyez-vous, m'expliqua-t-il, nous avons nos méthodes pour sceller les entrées que nous voulons protéger. Il est alors impossible de les trouver et d'y pénétrer, à moins que ce ne soit notre désir. La substance avec laquelle nous scellons hermétiquement les endroits et les choses provient directement de l'Universel. Elle est plus dure que le roc, bien qu'elle en ait toute l'apparence.

«C'est ainsi que nous pouvons protéger les entrées des Retraites, des édifices, des cités ensevelies, des mines et des chambres secrètes de la grande Fraternité des Maîtres d'Ascension: la plupart d'entre elles ont été conservées dans un état absolument parfait pendant plus de soixante-dix mille ans. Lorsque ces endroits ne nous sont plus utiles, nous les retournons à la substance universelle. Ainsi, vous voyez que toute force devient le serviteur obéissant de celui qui a conquis son moi personnel. Quand la Sagesse et l'Amour le permettent, toutes les forces de l'Univers sont à nos ordres.»

Sur la porte qui était devant nous se trouvait, au niveau de mes épaules, la forme d'une main incrustée dans le métal. Elle ressemblait étonnamment à ma main physique actuelle. «Placez votre main au-dessus de cette forme et appuyez fort», me dit Saint Germain. J'obéis. Elle s'ajustait parfaitement. J'appuyai de toutes mes forces. Lentement la grande porte s'ouvrit. Il continua: «Votre main a gardé cette même forme et cette dimension pendant plusieurs existences. Elle fut placée sur cette porte en votre honneur par le gouvernement, parce que vous aviez découvert la mine. Cette forme est un modèle de votre main d'il y a quatorze mille ans.»

Nous franchîmes cette porte et suivîmes une longue galerie ronde pour finalement atteindre une grande cavité. J'étais absolument ébahi de trouver là de la machinerie et plusieurs outils faits d'un métal blanc indestructible. Ils se trouvaient dans un état de parfaite conservation comme s'ils avaient été fabriqués la veille. Au centre de la cavité, il y avait un puits. Aujourd'hui, nos ingénieurs des mines seraient stupéfaits de voir la simplicité et la perfection des activités minières de cet âge ancien. Cette même méthode sera à nouveau utilisée en Amérique durant le siècle qui vient.

 Saint Germain s'avança vers le puits et tira une manette. Peu après, un ascenseur un peu particulier arriva. Nous entrâmes. Il toucha une manette, et nous commençâmes notre descente. Au niveau des soixante mètres, il y avait une station. Continuant à descendre, nous arrêtâmes au niveau des deux cent quinze mètres. C'était la station centrale de laquelle, comme les rayons d'une roue, partaient cinq galeries. Elles étaient toutes parfaitement rondes et doublées de ce même métal blanc dont était faite la machinerie. Il était si solide et si épais qu'il aurait fallu que la montagne s'effondre pour pouvoir l'écraser. Deux des cinq galeries avaient été creusées dans la montagne sur plus de six cents mètres. Dans la station centrale, il y avait un moteur qui actionnait tous les chariots.

 Saint Germain me dit: «Ce métal blanc est une découverte extraordinaire: il est léger, plus dur que tout, inaltérable et indestructible. Il n'est seulement possible de donner qu'une description fragmentaire de toutes ces merveilles qui constituent la preuve concrète du très haut niveau de cette ancienne civilisation. De telles splendeurs existent et elles se trouvent autour de vous sans que vous le sachiez, jusqu'au moment où cette révélation est communiquée.» À l'extrémité de la galerie, il me montra les foreuses utilisées à l'époque. Il poursuivit: «Ces foreuses projetaient une flamme bleue et blanche ayant la forme d'un tube d'environ deux centimètres de diamètre. Elles travaillaient à une vitesse phénoménale, traversant le roc en le consumant.»

Retournant à la station, nous entrâmes dans une salle de forme triangulaire située entre deux galeries. Au fond de cette pièce, il y avait des coffrets faits de ce même métal blanc. Ils mesuraient environ trente centimètres sur trente et leur longueur était d'à peu près quatre-vingt-dix centimètres. Saint Germain en ouvrit un et me montra les splendides diamants jaunes non taillés. J'en restai bouche bée tant ils étaient beaux. J'ai l'impression d'entendre le lecteur s'exclamer: «Voulez-vous dire que c'étaient vraiment de réels diamants?» À cette question parfaitement naturelle je dois répondre *oui*, tout aussi réels que les diamants du commerce aujourd'hui. D'autres coffrets contenaient des pierres taillées d'une valeur fabuleuse. Nous retournâmes ensuite à l'entrée de la mine. Saint Germain ferma la porte et la scella comme avant. Personne, pas même un Maître d'Ascension, n'aurait pu la différencier du roc de la montagne. Nous nous élevâmes dans les airs, et parcourûmes rapidement les cinquante-neuf kilomètres jusqu'à la mine d'or. Cette fois-ci, nous étions au sommet d'une montagne, près d'une pierre en forme de cône apparemment plein. Sa base avait environ cinq mètres de diamètre et sa hauteur était d'à peu près trois mètres.

«Regardez bien», me dit-il, posant sa main sur la pierre. Une forme triangulaire se dégagea doucement, laissant paraître une volée d'escaliers. Nous les descendîmes en partie pour atteindre une cavité située au sommet d'un puits et semblable à celle de la mine de diamants. «Vous remarquerez l'absence de concasseur, me dit-il, tout s'effectuait à l'intérieur de la mine elle-même. Aucune opération ne se faisait en surface.» Nous arrêtâmes au niveau des cent vingt mètres: il y avait une autre cavité immense contenant tout l'équipement pour traiter le minerai. Il m'expliqua le processus qui semblait incroyable tant il était simple.

Poursuivant notre descente, nous atteignîmes le niveau des deux cent quarante mètres. Tout y était disposé comme dans la mine de diamants. Ici encore, les galeries partaient d'un point central, comme les rayons d'une roue. Il y avait trois salles triangulaires construites entre ces galeries. Elles contenaient la production de la mine obtenue juste avant sa fermeture. Comme dans les autres salles, il y avait aussi des coffrets en métal blanc. Il m'est permis d'en décrire seulement trois. Le premier coffret contenait des pépites d'or provenant du lit d'une ancienne rivière située au niveau des deux cent quarante mètres. Le gravier du gisement alluvial était légèrement aggloméré, ce qui avait retenu l'or. Cette formation s'étendait sur une profondeur de trois cent soixante-dix mètres et avait une très grande valeur. Le second coffret était rempli d'or en fil provenant d'une veine de quartz blanc située au niveau des cent vingt mètres. Le troisième contenait des disques d'or massif pesant près de quatre kilogrammes chacun.

«L'endroit où était entreposé tout l'or s'appelait la salle des lingots, m'expliqua-t-il. Le double des archives concernant cette mine est ici, et l'original se trouve au Teton Royal.» Nous remontâmes à la surface. Une fois de plus Saint Germain scella l'entrée puis, se tournant vers moi, dit: «Mon fils, c'est vous qui avez découvert ces mines. Aidé de vos collègues, vous les avez exploitées et vous avez produit cette perfection. C'est également vous qui avez gravé les archives sur ce métal indestructible, et je vous les montrerai au Teton Royal. Voyant que le cataclysme d'il y a douze mille ans approchait et que les mines seraient peu affectées, les Maîtres d'Ascension les firent préparer et sceller pour qu'elles puissent servir à une époque future que nous avons maintenant atteinte.

«À sept occasions différentes de vos nombreuses existences, vous avez pu vous rappeler le procédé pour établir ces archives. Vous les produirez à nouveau durant cet âge, pour le plus grand bien de toute l'humanité. Ceci explique que depuis votre enfance vous ayez ressenti un grand intérêt pour les anciennes archives de toutes sortes, et que votre travail dans cette vie y soit relié. Venez, nous retournons maintenant au Teton Royal. C'est là, dans une salle voisine de la grande salle d'audience, que se trouvent ces archives dont je vous ai parlé. Elle sert à préserver certaines inventions et des découvertes scientifiques. La salle que nous avons visitée lors de notre dernier passage contenait uniquement les archives de diverses civilisations.»

Retournant à la Retraite, nous entrâmes cette fois-ci par l'ascenseur comme à notre première visite. En le quittant, nous franchîmes la seconde porte à droite de l'entrée. Elle donnait directement dans la salle des archives scientifiques qui mesurait environ vingt mètres de long sur douze de large et cinq de haut. Tous les murs, le plafond et le plancher étaient recouverts de ce même *métal blanc indestructible* dont étaient faits le rayonnage et les coffrets. Saint Germain en sortit un et me tendit l'archive que j'avais établie sur la mine de diamants. J'étais encore capable de la lire, mais cette fois-ci il me dit d'appeler l'Être Suprême qui est en moi de façon à Le laisser me révéler toute la connaissance que je possédais à cette époque. L'archive décrivait clairement, mais succinctement, l'histoire de la découverte et de l'exploitation de la mine. Il me tendit une seconde tige sur laquelle était gravée l'histoire complète de cette mine d'or.

«Maintenant que vous avez vu la preuve physique de ce dont j'ai parlé, dit-il, je veux que vous sachiez que je ne vous dirai jamais rien que je ne puis prouver.» C'est là qu'il se tourna vers moi: son regard pénétrant me traversa tout le mental et tout le corps. Puis il continua: «Mon fils, vous avez bien agi; vous êtes calme et serein après avoir vécu ces expériences. Beaucoup dépend de votre prochaine étape. Centrez toute votre attention sur l'Être Suprême Maître-de-Tout qui est en vous, et *n'oubliez pas* de la garder là.» À la lumière de ce qui arriva plus tard, ce fut vraiment une bonne chose qu'il m'eût fortifié de cet avertissement. Après m'avoir fait cette mise en garde, il traversa la salle d'audience, et nous nous dirigeâmes vers la grande porte de bronze du mur ouest sur laquelle il posa sa main. Le panneau s'éleva lentement, puis se referma derrière nous.

Je figeai sur place, totalement stupéfait de voir ce que des yeux humains ont très rarement eu la permission de contempler. Je restai sans bouger tant ce que je voyais était beau et merveilleux. À environ quatre mètres devant moi se dressait un bloc d'onyx blanc comme neige, ayant quatre-vingt-dix centimètres de hauteur et quarante centimètres de côté. Sur ce bloc était posée une sphère de cristal remplie d'une 'Lumière' incolore constamment en mouvement, à l'intérieur de laquelle des points lumineux jaillissaient en tous sens. La sphère irradiait continuellement des rayons aux couleurs prismatiques jusqu'à au moins quinze centimètres de sa surface. Elle paraissait faite d'une substance vivante, car le scintillement était parfaitement ininterrompu.

Du dessus de la sphère en cristal jaillissaient trois panaches de Flamme. Le premier avait la couleur de l'or en fusion; le second était rose; le troisième, bleu électrique. Les trois Flammes avaient au moins quatre-vingt-dix centimètres de hauteur. Le sommet de chacune des sections se repliait constamment comme une plume d'autruche, avec grâce et beauté. Le rayonnement qui émanait de cette sphère superbe remplissait toute la pièce, produisant la sensation d'une énergie électronique qu'aucun mot ne peut décrire. La Lumière, la Vie et la splendeur de cette scène dépassent simplement toute possibilité humaine de description.

Nous traversâmes la salle. Il y avait là, placés côte à côte, trois sarcophages de cristal contenant chacun un corps humain. Une fois plus près, mon coeur cessa presque de battre: à l'intérieur de ceux-ci se trouvaient les formes que Lotus, notre fils et moi-même avions utilisées lors d'une existence antérieure. Je les reconnus aussitôt parce que Lotus ressemble beaucoup à ce corps; celui de mon fils et le mien présentaient des traits plus réguliers et plus parfaits. Ces trois corps avaient la perfection d'un type ressemblant un peu à l'ancien Grec. Ils paraissaient en vie, seulement endormis. Leurs cheveux dorés étaient ondulés. Chacun portait des vêtements faits de ce même tissu d'or que ceux des figures de la tapisserie. Un Maître d'Ascension n'avait qu'à regarder ces corps pour y voir l'empreinte de toute action importante posée dans n'importe quelle existence passée. Ils agissaient comme des miroirs qui enregistrent les activités antérieures, mais sans, pour autant, ternir leur perfection d'origine.

Chaque sarcophage reposait sur une grande plateforme en onyx blanc comme celui qui supportait la sphère. Sur chacun d'eux, il y avait un couvercle de cristal qui s'ajustait parfaitement dans une rainure périphérique, mais sans être scellé. Sur chaque couvercle se trouvait une *étoile à sept branches* placée juste au-dessus du milieu de la poitrine. Sous cette étoile étaient dessinés quatre hiéroglyphes. Juste au-dessus du sommet de la tête, il y avait une *étoile à six branches*. Sur le côté, juste sous les épaules, il y avait deux mains jointes, et, plus loin, en direction des pieds, se trouvait un flambeau allumé placé de façon à ce que la flamme touche le couvercle du sarcophage. Cette flamme restait dorée indépendamment des couleurs de la lumière dans la salle. De l'autre côté, il y avait, sous les pieds, une *étoile à cinq branches*. Tous ces emblèmes étaient repoussés et paraissaient incrustés dans le cristal.

«Ces corps, m'expliqua Saint Germain, ont été les vôtres durant l'existence où vous avez tous les trois quitté la Cité d'Or pour rendre un service spécial. Ce que vous avez alors vécu fut épouvantable. Mais tellement de bien fut fait durant cette vie, qu'un grand Être Cosmique se manifesta et donna l'ordre de préserver ces corps jusqu'au moment où vous feriez votre Ascension et rejoindriez la Cité d'Or. Il donna toutes les instructions pour leur préservation, et elles furent fidèlement suivies, comme vous le voyez.

«Maintenant, vous pouvez vraiment comprendre comme il est important et impératif de garder avec assiduité votre conscience et votre attention profondément centrées sur la Présence Suprême du Christ intérieur, afin que seuls l'Amour de Dieu, Sa Sagesse et Sa Perfection puissent agir à travers votre mental et votre corps, en tout temps.» À ce moment précis, une Lumière éblouissante et une Puissance extraordinaire jaillirent à travers moi, et mon Maître Suprême se mit à parler.

«Grand Maître de Lumière, Parent, Frère et Ami! Ô Puissant Fils de Dieu! Ton Amour est vraiment Éternel, et grâce à lui tu as atteint une Paix Éternelle bien méritée et la Maîtrise sur les cinq règnes inférieurs. Le grand Dieu individualisé dans ces enfants que tu aimes tant va bientôt se manifester dans la *plénitude de son Autorité consciente* afin que tu puisses donner toute l'aide que depuis si longtemps tu désires offrir; parce que chacun des enfants de Dieu a un service unique à rendre, et que personne ne peut donner que lui-même.

J'appelle la 'Grande Lumière' du Coeur même de Dieu, afin qu'elle vous bénisse pour l'éternité.» Pendant que ces mots étaient prononcés, une grande colonne de Lumière se mit à rayonner, remplissant la pièce de points aux brillantes couleurs prismatiques. Ils se déplaçaient dans toutes les directions, et la salle devint un flamboiement de Lumière arc-en-ciel vibrant de Vie.

«Voyez, mon fils, me dit Saint Germain, comme vous pouvez parfaitement laisser s'exprimer le Maître Suprême intérieur. Bientôt vous serez capable de faire cela consciemment et à volonté, aussi souvent que vous le désirerez. Remarquez l'effet de stalactites au plafond, ainsi que l'apparence blanc argenté des murs. Tout cela est fait de substance *précipitée*, et la salle conserve une température constante en tout temps.» Nous nous rendîmes à l'autre extrémité de la pièce: devant nous, dans le mur, se trouvait une entrée voûtée et polie. Il y posa sa main. Une porte s'ouvrit, laissant voir le superbe matériau de métal blanc qui avait servi à dresser les archives. «Dans l'âge où nous entrons actuellement, continua-t-il, beaucoup de matériel ainsi préservé sera mis au service de l'humanité et il n'aura pas besoin d'être redécouvert.»

«Comment se fait-il, demandai-je, que tout dans cette Retraite et dans les mines soit absolument sans poussière, et que la ventilation soit si bonne?»

«Cela est très simple, m'expliqua-t-il. Les Maîtres d'Ascension utilisent la même force pour nettoyer et ventiler que pour chauffer, éclairer et produire de l'électricité. Quand ils se déplacent dans les mines ou dans les salles, le rayonnement que ces Maîtres dégagent consume instantanément toute substance inutile. Nous approchons du second matin depuis que vous avez quitté votre corps. Il nous faut rentrer maintenant.»

Nous quittâmes la salle d'audience par la porte située à gauche de l'ascenseur. Encore une fois nous nous retrouvions sous la lumière des étoiles. Rapidement, nous retournâmes à ma chambre. Un instant plus tard j'étais à nouveau dans mon corps. Saint Germain, qui se trouvait près de moi, me tendit l'habituelle Coupe de Cristal remplie cette fois d'un liquide ambré. Je bus et ressentis l'effet vivifiant traverser chacune des cellules de mon corps.

«Maintenant, dormez aussi longtemps que possible», me dit-il. Puis il disparut de ma vue. J'ai dû dormir profondément, car, après plusieurs heures, je me réveillai complètement rafraîchi, mon corps rechargé de force et d'énergie.

Chapitre 5

Souvenirs incas

es dix jours suivants passèrent tranquillement. Grâce à ma formation, je ne me couche jamais sans centrer mon attention sur l'Être Suprême intérieur et sans envoyer à Saint Germain une pensée d'aimante gratitude. Le soir du onzième jour, alors que j'allais me coucher, j'entendis clairement sa voix me dire: «Venez.» J'avais appris à obéir à cet appel. Immédiatement, je me retrouvai hors de mon corps. Me déplaçant rapidement dans l'atmosphère, j'arrivai au Teton Royal. Il m'attendait sur le flanc de la montagne. Cette fois-ci il m'avait demandé de venir le rejoindre. J'obéis et le saluai: «À votre service», dis-je, m'avançant près de lui. Il me sourit et répondit: «Nous avons à faire. Allons-y.»

J'étais pleinement conscient de la direction dans laquelle nous nous déplacions, c'est-à-dire vers le sud-sud-ouest. Bientôt nous aperçûmes les lumières d'une ville. Me les montrant, Saint Germain remarqua: «Los Angeles.» Après avoir encore avancé nous vîmes d'autres lumières. À ma question il répondit: «Mexico.» Nous atteignîmes ensuite une forêt tropicale et commençâmes à descendre. Nous nous trouvions maintenant parmi les ruines d'un ancien temple.

«Ce sont les ruines de Mitla, dans l'état d'Oaxaca au Mexique, me dit-il. Vous étiez tous les trois nés ici afin d'apporter votre aide, alors que la civilisation inca atteignait son apogée. Avec l'accord des Maîtres d'Ascension qui dirigeaient les activités, vous avez choisi de venir dans la famille de l'Inca pour rendre le service requis à l'époque.

«Ici, vous étiez les enfants du chef Inca, âme forte, très avancée et illuminée. Avec beaucoup d'Amour pour son peuple, il appela l'Être Suprême pour que Sa Lumière, Son abondance et Sa Perfection bénissent son peuple et sa terre. La dévotion de l'Inca envers sa Source était très grande parce qu'il connaissait et acceptait consciemment la puissance du 'Grand Soleil Central'. Le peuple inca reçut la connaissance de cette Vraie Compréhension. Et parce que ces gens savaient ce que signifie le Grand Soleil Central, ils prirent le Soleil comme symbole de l'Être Suprême. Ils possédaient une *compréhension réelle et intérieure,* et acceptaient *sans réserve* la puissance qui provient de ce Grand Soleil Central et qu'aujourd'hui nous appelons le 'Christ', parce qu'il est le Coeur de l'Activité Christique dans l'Univers.

«Grâce à la dévotion du chef Inca envers Sa Source et son peuple, son profond désir de recevoir bienfaits et Lumière pour guider et aider ce peuple, lui fut accordé: quatorze Êtres de la Cité d'Or d'au-dessus du Sahara vinrent l'aider. Lotus, votre fils et vous-même étiez trois d'entre eux. Lorsque vous avez eu dix ans, Lotus, douze, et votre fils, quatorze, vous avez été placés sous ma protection afin de recevoir la préparation et la formation concernant votre service à venir. À ce moment-là, je vivais à la Cité d'Or; mais une fois les ajustements préliminaires terminés, je me rendis quotidiennement au palais pour transmettre le rayonnement et l'instruction nécessaires. Cela dura quatre années, puis votre père en fut informé. Le chef Inca était émerveillé de voir la sagesse de ses enfants et constamment il déversait louanges et reconnaissance envers Dieu pour tant de bienfaits. Quand vous avez eu quatorze ans, le grand Maître, qui nous avait tous emmenés dans la Cité d'Or à la fin de notre existence au Sahara, apparut à l'Inca et lui dit que sa requête avait été acceptée d'une manière très tangible.

«Les soixante-dix années qui suivirent virent l'apogée de la civilisation inca. Dès vos quatorze ans, je venais chaque jour vous instruire, vous harmoniser tous les trois ainsi que l'Inca. On parlait de vous comme les enfants Solaires de l'Inca. Sa reconnaissance, son Amour et sa coopération étaient vraiment extraordinaires. Il reçut l'Enseignement concernant la compréhension et l'application de la grande Loi Cosmique.

«Votre enfance et votre jeunesse furent merveilleuses, car pas un nuage ne vint ternir la beauté de cette préparation. Votre fils reçut les enseignements concernant les lois du Gouvernement et les devoirs d'un dirigeant; Lotus reçut les instructions sur le Service intérieur ainsi que la connaissance complète et la consécration de Prêtresse au 'Temple du Soleil'. Vous-même avez reçu l'enseignement sur les Lois Cosmiques et la fonction de Prêtre. Dans le secret, on vous a aussi préparé à la fonction de général des armées. Après dix années de préparation spéciale au Pérou, vous avez tous les trois été dirigés vers l'une des nouvelles colonies située au nord de l'Empire inca pour aider le peuple à développer ses activités, et encourager son avancement. Vous vous êtes mis en route avec tout l'amour, tout l'honneur et toute la générosité que l'Inca savait donner. Vous avez fondé la capitale de la colonie à l'endroit où se trouve aujourd'hui Mitla dans l'état d'Oaxaca au Mexique, et sa gloire a traversé les siècles.

«C'est ici que vous avez construit un grand temple sous la directive de Ceux de la Cité d'Or qui vous avaient instruits et aidés. Dans cette vie, Lotus s'appelait Mitla, et ce fut en son honneur qu'on baptisa ainsi la ville. Elle servit ici comme prêtresse pendant plus de quarante ans. Ce fut l'un des temples les plus splendides de cette période. Aucune dépense ne fut épargnée. La partie secrète du temple, construite sous terre, devait être préservée, et, des siècles plus tard, être le témoin de cette prestigieuse civilisation. À l'époque de sa construction, vous le saviez; aussi, le grand Maître d'Ascension de la Cité d'Or qui dirigeait le projet donna des directives précises qui furent suivies à la lettre.

«L'extérieur était en pierres massives, et certaines sont encore visibles parmi les ruines. L'intérieur était décoré de marbre, d'onyx et de jade. Celui-ci venait d'un endroit secret des Andes qui jamais n'a été révélé à personne. Les couleurs de la décoration intérieure n'étaient que grâce et beauté, avec surtout de l'or, du pourpre, du rose et du rose pâle. Le Sanctuaire intérieur était en or avec des dessins d'ornement pourpres et blancs. La chaise de cérémonie de la prêtresse était également en or. C'est ici qu'était maintenu le foyer de Puissance spirituelle qui rayonnait sur tout l'empire et son peuple. Après ces explications préliminaires, entrons maintenant dans le temple souterrain à l'intérieur duquel une salle est demeurée intacte parmi les ruines de ce qui fut autrefois une splendeur.» Alors que nous avancions, Saint Germain commanda :

«Restez en arrière!»

Il dirigea un Rayon de grande Puissance sur une pile de gros rochers qui se trouvait devant nous. Ils s'éparpillèrent aussitôt dans toutes les directions, laissant voir un cube de granit rose. Il s'avança et y posa la main. Lentement le cube se mit à tourner comme s'il se trouvait sur un pivot, laissant voir une ouverture d'environ quatre-vingt-dix centimètres de largeur ainsi que des escaliers. Nous descendîmes vingt et une marches menant à une porte apparemment en cuivre, mais Saint Germain me dit que c'était un alliage métallique indestructible.

Appuyant sur un cube de pierre situé à droite de l'entrée, la porte s'ouvrit, et nous pénétrâmes dans une petite salle. À l'autre extrémité se trouvait un passage voûté que fermait une autre porte massive. Cette fois-ci, il appuya avec son pied sur une pierre de forme curieuse qui se trouvait dans le plancher, et la porte s'ouvrit, révélant une pièce immense qui semblait avoir plutôt besoin d'être nettoyée et aérée. Cette pensée m'avait à peine effleuré l'esprit que la pièce se remplit d'une puissante Lumière Violette, et ensuite d'un léger brouillard blanc qui se mit à briller comme le Soleil en plein midi. Ce fut un nettoyage complet: tout était net, propre, et exhalait un parfum de roses. En pénétrant dans la grande salle, mon attention fut attirée vers quelques portraits, les plus remarquables que j'aie jamais vus. Ils étaient gravés dans l'or pur, et les couleurs donnaient une réelle impression de vie.

«Eux aussi sont *indestructibles*, me dit Saint Germain. Cinq d'entre eux représentent le chef Inca, Lotus, votre fils, vous et moi, avec une ressemblance parfaite aux corps que nous utilisions alors. C'est seulement durant la période inca que cette forme d'art unique a existé. À l'époque, la dévotion de Lotus envers sa Flamme divine attira un grand Maître de Vénus qui l'instruisit. Cet art était différent de tout ce qu'on a pu connaître sur Terre à travers les âges. Le Maître de Vénus n'autorisa la confection que d'un nombre limité de portraits, parce que cette forme d'art avait plusieurs siècles d'avance sur son temps; il n'était donc pas permis de s'en servir pendant cette phase de l'évolution terrestre. Cependant, ce procédé se manifestera lors du nouvel Âge d'Or dans lequel nous entrons maintenant.

«Mon fils! Oh! Si les habitants d'Amérique pouvaient seulement comprendre les extraordinaires possibilités qui se trouvent devant eux et qui attendent, attendent et attendent qu'ils se détournent des credo, des cultes, des dogmes, des 'ismes' et de tout ce qui les enchaîne et les limite en éloignant leur attention de la grande 'Présence' de Dieu qui habite à l'intérieur de leurs propres coeurs! Oh! Puissent-ils prendre conscience de la Liberté, de la puissance et de la Lumière qui ne demandent qu'à les servir, à l'*unique* condition qu'ils reconnaissent et mettent en action la grande 'Présence' d'Amour qui est en eux, qui respire en eux à chaque seconde. Et puissent-ils connaître et *ressentir* le Contrôle Suprême que cette 'Présence' divine possède sur toute manifestation!

«Oh! S'ils pouvaient seulement comprendre que leur *corps* est le 'Temple du Très-Haut Dieu Vivant' qui est le Gouverneur du ciel et de la terre; ils sauraient ainsi ce que signifie vraiment *aimer* cet Être Suprême qui est en eux, Lui parler et L'accepter en toutes circonstances. Ils *ressentiraient* alors la Réalité de Sa 'Présence' avec une certitude au moins aussi grande que lorsqu'ils perçoivent les gens et les choses! Si seulement ils pouvaient *ressentir* profondément la proximité et la *réalité* de cette 'Présence' Suprême, ne serait-ce qu'un instant, alors rien ne pourrait jamais plus s'interposer entre eux et la même Victoire Suprême que Jésus et les autres Maîtres d'Ascension ont atteinte.

«Ô Amérique! Enfants bien-aimés de la Lumière! Laissez cette Suprême 'Présence' de Dieu, Sa sagesse et Sa Puissance jaillir à travers vous *maintenant*; et voyez comme le Royaume de Dieu peut se manifester et se manifestera rapidement sur Terre. Parmi les nations, l'Amérique est l'Éclaireur sur le Sentier; elle porte la 'Lumière' qui annonce le nouvel Âge d'Or. Indépendamment de sa condition actuelle, cette 'Lumière' jaillira avec force et consumera les ombres qui cherchent à détruire son Idéal et son Amour pour l'Être Suprême individualisé.»

Après avoir franchi une porte sur la droite, nous avons trouvé d'autres archives indestructibles, sur la civilisation inca cette fois, et sur le rôle important qu'elle a joué alors. «Vous avez rappelé à votre mémoire le souvenir du procédé pour confectionner ces archives que vous connaissiez dans votre vie d'il y a quatorze mille ans», me dit Saint Germain. «Elles seront transportées au Teton Royal avec les portraits, car ce temple secret a totalement rempli son rôle et doit maintenant être effacé.»

C'est alors que des Êtres splendides et Lumineux apparurent et emmenèrent les portraits et les archives. Quand ils eurent terminé, nous retournâmes à l'entrée puis nous nous éloignâmes du temple. Pendant quelques instants, Saint Germain centra son attention sur l'endroit où se trouvait le temple secret, et il demeura très silencieux. Soudain, un grand calme me pénétra, et je restai sans bouger. Il se produisit alors un puissant grondement semblable à un tremblement de terre. Peu après ce fut terminé, et cette véritable splendeur tomba en ruines. Je ne pouvais que rester bouche bée devant l'incroyable puissance de Saint Germain. Vraiment, les grands Maîtres d'Ascension sont des Dieux. Il n'est pas surprenant que la mythologie des anciens nous ait rapporté leurs activités sous le couvert de mythes et de fables. Ils détiennent une puissance divine colossale *en tout temps* parce qu'ils collent, avec une détermination indéfectible, à la 'Présence' Suprême de Dieu; ainsi, la suprême puissance leur a été confiée, car ils sont toute Perfection.

«Quand Jésus disait: "Vraiment, je vous le dis, les oeuvres que je fais, vous les ferez aussi, et de bien plus grandes encore", il savait de quoi il parlait», continua Saint Germain. «Il est venu pour révéler l'Autorité et la Maîtrise Conscientes que tout être humain peut atteindre et exprimer quand il est encore sur Terre. Il a manifesté l'Autorité du Maître d'Ascension et il a *prouvé* à l'humanité que chacun a la possibilité d'appeler son Maître Divin intérieur de façon à contrôler consciemment *tout* élément humain.

«Ces grands Maîtres d'Ascension sont toute Lumière, tout Amour et toute Perfection. Depuis le commencement, ils guident l'expansion de la Lumière dans les humains de cette planète et ne sont aucunement le produit de quelque imagination débordante. Ils sont *réels*, *visibles*, tangibles, glorieux, vivants. Ces Êtres respirent une telle intensité d'Amour, de Sagesse et de Puissance, que le mental humain en reste totalement confondu. Ils oeuvrent partout absolument libres et dotés d'une puissance illimitée, accomplissant naturellement tout ce que les gens considèrent en général comme étant surnaturel. Ils détiennent une telle autorité et emploient une telle force que l'imagination des gens du monde extérieur en est renversée. Ils sont les Gardiens de la race. Tout comme dans votre monde de l'éducation il existe différents niveaux d'enseignants pour guider la croissance personnelle de l'enfance à l'âge adulte, pareillement, ces Maîtres d'Ascension et de Perfection existent pour éduquer et aider l'individu afin que lui aussi puisse ouvrir sa conscience au-delà de l'expression humaine ordinaire. Il développe ainsi ses facultés surhumaines jusqu'au moment où, comme l'étudiant qui obtient son diplôme, celui qui se trouve sous la protection et la tutelle d'un Maître d'Ascension se qualifie pour quitter l'état humain et recevoir l'expression *totale* et *permanente* de sa Divinité.

«Le Maître d'Ascension est une personne qui, par son effort Soi-Conscient, a généré suffisamment d'Amour et de Puissance à l'intérieur d'elle-même pour briser les chaînes de toutes les limites humaines. Ainsi l'individu devient libre et digne de se voir confier l'usage de forces qui dépassent celles de l'expérience humaine. Il ressent qu'il *Est Un* avec le Dieu Omniprésent, la 'Vie'. C'est pourquoi toute force, toute chose obéit à ses ordres, parce qu'il est un Être Soi-Conscient doué de libre choix, qui contrôle tout en agissant sur la 'Lumière' qui est à l'intérieur de Lui.

«C'est grâce au rayonnement ou à l'écoulement de cette 'Lumière' qui est véritablement son 'Essence Lumineuse d'Amour Divin' qu'un Maître d'Ascension peut aider ceux qui sont sous sa protection et sa tutelle. Lorsqu'un étudiant reçoit un tel flot de Lumière, ses corps intérieurs, c'est-à-dire son corps émotionnel, son corps mental et son corps Causal, absorbent l'Essence Lumineuse du Maître, et leur Lumière intérieure brille, puis se met à rayonner comme une étincelle qui, progressivement, devient flamme.

«Cette 'Essence Lumineuse' contient la Force Suprême

de l'Univers, car elle consume toute discorde et établit un Équilibre parfait dans toute manifestation. Le Corps d'un Maître qui a fait son Ascension déverse constamment des Rayons de cette 'Essence Lumineuse' sur les discordes terrestres et les consume, tout comme les rayons du Soleil physique effacent le brouillard. Le Rayonnement qu'ils déversent sur l'humanité de la Terre est de l'*énergie consciemment concentrée* à laquelle ils communiquent une qualité spécifique; ensuite, ils la rayonnent afin d'obtenir un résultat précis. C'est ainsi que des milliers et des milliers de fois ils protègent les gens, les endroits, les conditions et les choses sans même que l'humanité ne s'en rende compte tandis qu'elle poursuit sa route, ignorant simplement ses Protecteurs et ses Bienfaiteurs.

«Durant ce genre d'activité, les Maîtres d'Ascension peuvent changer de corps tout comme quelqu'un changerait de vêtements. En effet, ils contrôlent toujours consciemment la structure cellulaire, et chaque atome obéit à leur moindre demande. Selon le Service qu'ils désirent rendre, ils sont libres d'utiliser un ou plusieurs corps, car leur capacité d'assembler ou de dissoudre un corps d'atomes est absolument *illimitée*. Ils sont les Artisans omnipotents de la Manifestation de toute Substance et de toute Énergie, parce que les forces de la Nature, à savoir les quatre éléments, sont leurs serviteurs fidèles et obéissants.

«Ces Êtres resplendissants protègent et aident la race humaine en évolution; on les appelle les Maîtres d'Ascension, Maîtres de Lumière, d'Amour et de Perfection. Ils sont tout ce qu'implique le mot Maître, car, en exprimant l'Amour, la Sagesse et la Puissance de l'Être Suprême intérieur, ils manifestent leur Maîtrise sur tout élément humain. C'est pourquoi ils ont fait leur Ascension dans l'Octave située au-delà de l'humain, l'Octave de la Divinité, celle de la Perfection *Toute-Puissante, Éternelle* et *Pure*.

«Souvent, par ignorance et à cause de leurs limites, les humains de la Terre se permettent de porter des jugements et de formuler des opinions sur Jésus et d'autres Maîtres d'Ascension. Cette pratique est l'une des plus destructrices qui soit parce que ces critiques et ces jugements ne font que revenir à ceux qui les envoient, de sorte que ces humains se trouvent de plus en plus enchaînés à des souffrances et à des limites qu'ils créent eux-mêmes. L'activité de la Loi Cosmique est que les Maîtres d'Ascension, étant libres de toutes limites humaines, sont devenus une Fontaine rayonnante de Lumière dans laquelle aucune pensée humaine de discorde ne peut jamais entrer. Ceci force toutes les pensées et tous les sentiments négatifs à retourner à celui qui les a envoyés, ce qui le lie encore plus aux chaînes de ses créations personnelles.

«Si les êtres humains pouvaient voir leurs propres pensées, leurs sentiments et leurs paroles se répandre dans l'atmosphère éthérique et rassembler de plus en plus d'énergies semblables pour ensuite revenir à leur point de départ, ils seraient stupéfaits de voir ce qu'ils ont généré; plus encore, ils hurleraient pour en être délivrés. Et si juste pour cela ils extirpaient ces créations de leur mental, ils se tourneraient alors vers leur Divinité avec une implacable détermination et s'uniraient à Elle. *Les pensées et les sentiments sont des choses vivantes et vibrantes.* Celui qui sait cela se servira de la Sagesse qui est en lui et, par conséquent, il se prendra en main.

«Jésus est, pour l'humanité qui chemine sur cette Terre, ce que l'Être Suprême individualisé dans chaque être humain est pour le moi personnel ou extérieur. Il a révélé au monde l'*Archive Maîtresse*, et il est *toujours* la Preuve Vivante de la capacité que possède tout individu de se libérer de ses limites et d'exprimer sa Divinité conformément au plan initial; parce que l'état originel dans lequel vivait l'humanité était Harmonie et Liberté totales.

«Lorsque certains de ceux qui étudient la Vie et les Lois de l'Univers avec plus de profondeur que la majorité des gens, deviennent conscients du fait que les Maîtres d'Ascension sont réels, ils éprouvent souvent le désir de se faire instruire par eux. Bien qu'il s'agisse souvent là d'une aspiration naturelle de l'âme à s'élever jusqu'à la grande Lumière, le moi personnel se rend difficilement compte des conditions requises pour établir une telle relation avec ces Grands Êtres totalement Divins.

«Pour l'étudiant extrêmement sincère et déterminé, il existe un moyen d'établir le contact avec l'un des Maîtres d'Ascension; mais cela n'est possible que si l'étudiant génère suffisamment d'Amour et discipline sa personnalité humaine. Si le motif pour établir un tel contact est de satisfaire la curiosité, de chercher à prouver ou, à réfuter l'existence des Maîtres d'Ascension, ou simplement de résoudre un problème ou d'éliminer un doute dans la personnalité, ce contact n'aura jamais lieu, *soyez-en certain,* parce que les Maîtres d'Ascension ne sont aucunement intéressés à satisfaire le côté humain d'un étudiant, qui qu'il soit. Tout leur effort est consacré à l'expansion de l'Être Divin intérieur, de façon à ce que Sa Puissance soit libérée avec suffisamment de force pour briser les limites du moi humain qui ne Lui offrirait pas un parfait véhicule d'expression aux niveaux mental, émotionnel et physique de la manifestation. Ce sont là les mondes de la pensée, du sentiment et de l'action.

«La faiblesse et les limites humaines ne font que détériorer le véhicule qui devrait, au contraire, être entraîné et maintenu dans un état optimal afin de servir efficacement le grand Maître Divin intérieur. Avec toutes ses facultés, le corps humain est le Temple d'Énergie de Dieu, fourni par la 'Présence' de l'Être Suprême afin que, par ce moi extérieur, Dieu puisse exprimer un Plan, un Schéma divin parfait. Si les appétits incontrôlés des sens et les exigences de la personnalité gaspillent l'Énergie divine, enlevant ainsi à cette 'Présence intérieure' le contrôle de Son instrument, alors Celle-ci se retire progressivement. Le moi personnel perd son pouvoir de contrôler son mental et son corps. Le temple finit par s'écrouler et aboutit à la corruption. Vous avez alors la condition que le monde appelle la mort.

«La personne qui cherche à contacter un Maître

d'Ascension dans Son Corps visible, tangible, vivant et qui respire, mais sans la préparation nécessaire qui lui permet d'ajuster progressivement sa structure extérieure et son mental, se trouve dans la situation d'un enfant de maternelle qui verrait un professeur de collège en insistant pour se faire instruire par lui.

«Les Maîtres d'Ascension sont *réellement* de formidables batteries de puissance et d'énergie, et tout ce qui touche leur Rayonnement devient aussitôt hautement chargé de leur 'Essence Lumineuse', un peu comme une aiguille qui, au contact d'un aimant, se charge de la même qualité et devient magnétique à son tour. Leur Rayonnement et toute l'aide qu'ils apportent sont un don gratuit d'éternel Amour. C'est pour cela qu'ils n'utilisent *jamais* la force qui est en eux pour forcer qui que ce soit.

«La Loi d'Amour, la Loi de l'Univers et la Loi de l'individu ne permettent pas au Maître d'Ascension d'intervenir dans le libre arbitre de l'individu, sauf durant ces périodes d'Activité Cosmique où le Cycle Cosmique supplante le cycle individuel. Durant de telles périodes, le Maître d'Ascension peut fournir une aide *plus* qu'ordinaire. La Terre se trouve maintenant dans un tel cycle, et le plus grand rayonnement de 'Lumière' que la Terre ait jamais connu se répand maintenant sur l'humanité et se répandra à l'avenir pour purifier et rétablir l'Ordre et l'Amour absolument nécessaires à la préservation de cette planète et du système de mondes auquel nous appartenons. Tout ce qui ne se joint pas ou ne veut pas se joindre à l'activité d'*ordre*, d'*équilibre* et de *paix* doit nécessairement passer à une autre école de l'Univers et développer, à sa manière, sa compréhension de la Loi par une méthode autre que celle qu'exprimera la Vie future sur notre Terre.

«Il n'existe qu'un seul passeport pour accéder à la 'Présence' de ces Grands Êtres, et c'est de rayonner suffisamment d'Amour à son Maître Suprême intérieur et à ces Maîtres; et, parallèlement, avoir la détermination suffisante pour déraciner du moi humain toute discorde et tout égoïsme. Lorsqu'un individu devient *suffisamment* déterminé à servir uniquement le Plan constructif de la Vie, il discipline parfaitement sa nature humaine, peu importe si la tâche est déplaisante. Il est alors certain d'attirer l'attention d'un Maître d'Ascension qui identifiera ses luttes et lui déversera courage, force et Amour pour le soutenir, jusqu'à ce qu'il ressente, en tout temps, le lien permanent qui existe entre lui et l'Être Suprême intérieur.

«Le Maître qui a fait son Ascension dans la Lumière connaît et voit tout ce qui concerne l'étudiant parce qu'il lit clairement l'information enregistrée dans son aura. Celle-ci révèle le niveau d'avancement du disciple, ses points forts ainsi que ses faiblesses. Le Maître d'Ascension est le Mental omniscient et l'Oeil de Dieu qui voit tout, et rien ne peut lui être caché. Celui ou celle qui désire entrer en contact avec la 'Présence' visible et tangible des Maîtres d'Ascension doit comprendre qu'à moins de devenir un Soleil Rayonnant d'Amour, de Lumière et de Perfection que le Maître peut alors intensifier et utiliser comme faisant partie intégrante de Lui-même en orientant consciemment ce Soleil où Il le veut, à moins de devenir ce Soleil Rayonnant, l'individu demeure un poids inutile et un fardeau pour le service et l'univers du Maître.

« Si l'étudiant ne veut pas discipliner, ou ne fait pas ce qu'il faut pour discipliner son moi personnel afin de devenir calme dans son mental, paisible et aimant dans ses sentiments, et fort dans son corps, alors il n'est pas de la trempe de ceux qu'un Maître d'Ascension peut employer dans le Service surhumain qui est le sien. Lorsque l'étudiant ne possède pas un véhicule suffisamment fort, contrôlé et bien développé, il est incapable de coopérer avec un Maître d'Ascension et, par conséquent, d'effectuer une tâche qui est au-delà de l'expérience humaine ordinaire.

« Si l'un de ces Êtres Parfaits acceptait dans son champ de service un étudiant ne possédant pas de telles qualités, il ferait la même erreur que celui qui construirait une machine ou une maison avec des matériaux imparfaits. Évidemment, ce type de construction ne supporterait ni les tensions intenses d'une tâche urgente ni une utilisation prolongée. Ce ne serait donc ni de la Sagesse, ni de l'Amour, ni de la compassion que de soumettre quelqu'un à des activités pour lesquelles il ne possède ni la formation ni la force. Puisque les Maîtres d'Ascension sont le summum de la Perfection, ils ne feraient évidemment rien qui ne soit juste, aimant et sage.

« L'attitude de celui qui désire oeuvrer en collaboration

consciente avec les Maîtres d'Ascension ne devrait pas être, "j'aimerais les rencontrer pour qu'ils m'instruisent", mais plutôt, "je vais tellement me purifier, me discipliner et me perfectionner, devenir une telle fontaine d'Amour, de Sagesse et de Puissance divine, que je pourrai Les aider dans Leur Oeuvre, et ainsi je serai automatiquement dirigé vers eux. Je vais Aimer avec tant de constance, de plénitude, et de façon tellement divine, que l'intensité même de la 'Lumière' en moi ouvrira la porte pour qu'Ils m'acceptent".

«Mon fils, la correction du petit moi et la maîtrise des forces qui agissent dans la conscience humaine n'est pas le travail d'un court instant, ni la voie de la facilité, de la léthargie ou de la satisfaction du petit ego; parce que, chez la plupart des humains, les sens ont une tendance aux excès, et l'individu se rebelle furieusement à l'idée de mettre un frein à sa nature inférieure; ce qui est pourtant impératif s'il veut pouvoir gouverner correctement ces forces qui opèrent en lui, particulièrement ses sentiments et ses émotions, de façon à ce que ceux-ci agissent et soient utilisés *uniquement* sous l'Autorité consciente de son Mental Divin. Le dicton "Beaucoup sont appelés, mais peu sont élus" est très vrai. Tous sont constamment appelés, mais peu sont suffisamment éveillés pour prendre conscience de la joie sublime et de la Perfection qui se trouvent à l'intérieur de la 'Présence' individualisée de l'Être Suprême, et pour entendre Sa Voix qui, dans la 'Lumière', appelle toujours et toujours chacun à la Maison du Père.

«Tout individu sur Terre est libre, à chaque instant, de se mettre debout et d'aller vers le Maître Éternel - l'Être Suprême en lui - pourvu qu'il tourne le dos aux créations des sens humains et maintienne son attention sur l'Unique Source dans tout l'Univers, de laquelle proviennent paix, bonheur, abondance et Perfection. Il existe un moyen pour que tous entrent en contact avec les Maîtres d'Ascension: il faut *penser* à eux, les *appeler*, et leur 'Présence' d'Amour répondra à toute demande. Mais le motif de l'appel doit être l'Amour de l'Être Source, l'Amour de la Lumière, l'Amour de la Perfection.

«Si l'appel est vrai, déterminé et constant, l'étudiant recevra une Lumière de plus en plus grande parce que la 'Lumière' connaît les siens et qu'Elle se donne constamment et inconditionnellement en tout temps. Demandez et vous recevrez; frappez, et il vous sera ouvert; cherchez, et vous trouverez; appelez la 'Lumière', et les Maîtres d'Ascension vous répondront parce qu'ils sont la 'Lumière' de ce monde.

«Lotus a servi comme prêtresse au temple de Mitla avec vous et votre fils pendant plus de quarante ans. Grâce à l'union de vos efforts, les différentes cités de ces colonies ont pu atteindre un haut degré de perfection. Vous avez implanté des manufactures et dirigé l'agriculture jusqu'à ce que la prospérité règne sur ce territoire. Le chef Inca reçut la révélation du moment où son pèlerinage terrestre et son service dans cette civilisation devaient prendre fin. C'est alors qu'il vous convoqua tous les trois chez lui et que d'autres furent nommés à votre place. Puis, comblant votre peuple de bénédictions et d'Amour, vous lui avez dit adieu.

«À votre retour chez vous, le roi fut grandement surpris de voir qu'aucun de vous n'avait vieilli durant votre longue absence. Votre expression de jeunesse était le résultat d'une formation reçue durant votre enfance, et ce fut pour l'Inca une preuve supplémentaire que ses enfants lui avaient été divinement envoyés en réponse à sa prière. Son coeur était constamment rempli d'une profonde gratitude envers l'Être Suprême pour les bienfaits qu'Il dispensait sur ses enfants, son peuple et lui-même.»

À ce stade-ci, alors que Saint Germain décrivait nos existences incas, des images vivantes commencèrent à se former dans l'atmosphère devant moi, révélant les couleurs et les activités d'alors. Cela dura environ trois heures. Il me révéla ces anciens événements sous forme d'images *vivantes* et *réelles* du Pérou et de Mitla.

Le chef Inca convoqua les quatorze Êtres de la Cité d'Or en vue de l'événement le plus important de son pèlerinage terrestre. Il savait que l'heure de son départ approchait. Il fallait transférer les affaires de l'empire à son fils aîné qu'il allait nommer son successeur lors du banquet. Pendant des siècles, le palais fut renommé comme étant la construction la plus splendide de l'époque grâce au fait que, durant tout son règne, le roi disposait d'énormes ressources. Il vivait constamment en communion étroite avec son Maître Suprême intérieur et il disposait ainsi d'une opulence colossale. L'intérieur du palais était abondamment décoré: or pur serti de pierres précieuses dans les chambres privées de la famille royale, et représentations du Soleil utilisées un peu partout pour rappeler constamment la 'Présence' de l'Être Suprême en chacun.

La salle du banquet était meublée de cinq tables en jade sculpté. Les pieds étaient en onyx blanc, et chacune pouvait accueillir vingt convives, à l'exception de la table royale qui en accueillait seize: les quatorze Êtres de la Cité d'Or, le roi et le Maître Saint Germain, connu alors sous le nom de 'Fils Uriel'. Les chaises de la table royale étaient en or et finement décorées de splendides plumes d'autruche aux couleurs magnifiques. Sur la chaise de l'Inca, les plumes étaient d'un très beau violet; sur celle de Saint Germain, or vif; sur celle de la fille, roses; sur celle du fils aîné, violettes, mais plus claires que celles de l'Inca; sur celle du fils cadet, blanches, représentant l'autorité des prêtres. Sur les chaises des autres Êtres de la Cité d'Or, les plumes avaient diverses couleurs, toutes remarquables, chacune représentant la fonction et le service rendu à l'empire par le convive.

Des nappes en tissu très doux richement brodées de fils extrêmement brillants couvraient les tables. Tout le palais était éclairé par des globes en cristal lumineux que Saint Germain avait offerts à l'Inca au début de sa formation.

Celui-ci portait une robe royale en tissu doré ressemblant à du métal avec un plastron de pierres précieuses représentant le 'Soleil'. Par dessus, il portait sa robe de cérémonie faite d'un tissu épais de couleur pourpre décoré de magnifiques plumes d'autruche et ayant une encolure évasée. Un bandeau de diamants retenant trois plumes violettes à l'arrière de la tête lui servait de couronne. Pour la Vie intérieure de l'Inca, ces trois plumes symbolisaient les trois activités de Dieu - Père, Fils et Esprit-Saint - qui s'expriment à travers l'être humain en tant qu'Amour, Sagesse et Puissance. Les deux fils étaient vêtus d'habits semblables à ceux de leur père, à l'exception de la longue robe de cérémonie. Chacune portait le symbole du 'Grand Soleil' que dessinait un plastron de pierres précieuses. La couronne du fils aîné était sertie d'émeraudes, et les plumes à l'arrière de la tête étaient également violettes, mais plus pâles que celles de l'Inca. La coiffure de l'autre fils était sertie de perles, et les plumes étaient blanches, symbole de sa fonction de prêtre.

La fille du roi portait une robe en tissu doré aussi délicat que de la soie fine et doublé d'une substance opalescente remarquable qui changeait de couleur au moindre mouvement de son corps. Elle portait une ceinture de diamants et d'émeraudes, et son tablier touchait presque le sol. Elle avait un bonnet tissé bien serré sur la tête. Autour du cou, elle portait une chaîne à laquelle était suspendu le symbole du 'Grand Soleil' serti de diamants, de rubis et d'émeraudes. Ses sandales étaient faites d'or et de pierres précieuses.

Alors que le roi quittait ses appartements pour se rendre à la salle du banquet, une Lumière éclatante jaillit dans les chambres: Saint Germain était là devant nous, pareil à un Dieu. La 'Lumière' qui l'entourait était presque aveuglante, et il nous fallut quelques secondes pour nous y accoutumer. Ses beaux cheveux dorés descendaient jusqu'aux épaules, et un bandeau de diamants bleus les retenait en place. Le puissant Rayonnement de Sa Lumière brillait à travers le coloris de ses cheveux au point de ressembler à la lumière du Soleil. Le violet perçant et vibrant de ses yeux contrastait fortement avec le teint rosé de sa peau qui révélait jeunesse et santé parfaite. Ses traits étaient très réguliers comme ceux des anciens Grecs. Il portait une robe faite d'un superbe tissu blanc lumineux totalement différent de tout ce qui existe aujourd'hui. Elle épousait légèrement le corps au niveau de la taille autour de laquelle il y avait une ceinture de diamants jaunes et de saphirs, et un tablier qui descendait jusqu'aux genoux. Au troisième doigt de sa main gauche il portait un anneau serti d'un splendide diamant jaune. Le majeur de sa main droite portait un saphir presque aussi brillant. Les deux pierres reluisaient fortement à cause du grand Rayonnement de Saint Germain qui arrivait de la Cité d'Or.

Le roi fut surpris et extrêmement heureux de le voir. Faisant le signe du coeur, de la tête et de la main, il s'inclina révérencieusement devant lui et offrit son bras au Maître. C'est ainsi qu'ils se rendirent à la salle du banquet.

Sur les tables, le service était entièrement en or, en cristal et en jade. Bientôt les enfants du roi arrivèrent et, voyant leur Maître bien-aimé, ils tressaillirent de joie. Cependant, ils n'oublièrent pas la dignité de la circonstance. Aussi, faisant le signe qu'il leur avait appris, ils s'inclinèrent respectueusement devant leur père et ses nobles invités.

Au signal tous s'assirent. Le roi se trouvait à l'extrémité de la table, le Maître Saint Germain à sa droite et sa fille à ses côtés. Le fils aîné était à gauche de l'Inca, et l'autre fils, près de son frère. Venaient ensuite les autres Êtres de la Cité d'Or.

À la fin du banquet, l'Inca se leva: tous devinrent très attentifs. Il demeura silencieux quelques instants puis, tendant la main vers Saint Germain, il le présenta aux invités. Le Maître s'inclina gracieusement. Le roi leur parla des grandes Lois spirituelles qu'il lui avait enseignées ainsi qu'à ses enfants, et leur dit que les grands bienfaits qui avaient comblé le pays et le peuple étaient les fruits du grand Amour de ce Maître. Il leur dit aussi que le banquet était donné en son honneur afin de désigner son successeur sur le trône.

Il fit signe à son fils aîné de se lever et annonça qu'il serait le futur dirigeant de l'empire. Enlevant sa robe royale, il la plaça sur les épaules de son fils. Levant les mains vers le haut en signe de bénédiction, Saint Germain dit:

«Je vous bénis mon fils, par le Nom et la Puissance de l'Être Suprême dans l'homme et dans l'Univers, dont la Sagesse infinie vous guidera, dont la 'Lumière' vous illuminera dont l'Amour vous bénira et vous enveloppera, vous, le pays et le peuple.»

Posant le pouce de sa main droite sur le front du fils aîné, le Maître bien-aimé leva la main gauche, et un éclat de 'Lumière' éblouissante les recouvrit. Ensuite, le roi désigna ceux qui devaient remplacer sa fille et ses deux fils dans le temple de Mitla. Saint Germain, le roi, ses enfants et ceux de la Cité d'Or entrèrent dans la salle du trône. Se retournant, le Maître s'adressa encore à eux et dit:

«Bien-aimés de la Lumière! Votre Frère, le roi, vous quittera bientôt pour recevoir un repos bien mérité et des Enseignements plus avancés. Jusqu'à ce qu'arrive ce jour, je resterai avec vous. Votre civilisation atteindra son apogée sous le règne de ce frère bien-aimé, et vous aurez besoin de plus de richesses pour accomplir tout ce qui est à faire. Non loin d'ici, dans le coeur de la montagne, se trouve un immense trésor de pierres précieuses et d'or. Le fils cadet de votre roi ne s'est pas encore remémoré une faculté anciennement acquise. Je vais la réactiver afin que tous les besoins de vos activités futures soient comblés.» Se dirigeant vers le cadet, il lui toucha le front avec le pouce de sa main droite. Son corps tressaillit, et sa Vision intérieure s'ouvrit.

Dans un repaire de montagne, il vit un endroit précis contenant de telles richesses qu'il sut qu'il ne leur faudrait rien d'autre pour produire ce dont ils auraient besoin dans leurs activités extérieures. Le fils offrit son obéissance à son Maître bien-aimé et promit que, avec son aide, le plan d'utilisation de ces richesses serait mené à terme. Les trois mines qu'il a ouvertes et exploitées furent fermées et scellées quand se termina le règne des Êtres de la Cité d'Or. Elles sont restées fermées jusqu'à ce jour.

Il arrive, à l'occasion, que les archéologues trouvent des preuves de la grandeur fabuleuse et de la splendeur de cette ancienne civilisation. Les traces d'activités incas qu'ils ont découvertes jusqu'à présent datent de la phase déclinante de cette civilisation. Mais le moment viendra où les fruits de son apogée seront découverts et rendus publics afin de bénir, éclairer et servir la postérité.

Le lendemain, des messagers furent envoyés aux principaux centres de l'empire pour annoncer l'ascension sur le trône du fils de l'Inca. Cependant, depuis son séjour à Mitla, sa réputation l'avait précédé parce que, à l'époque où il y servait, sa sagesse, sa noblesse de caractère et son sens de la justice étaient connus à travers tout le royaume.

Quelques jours plus tard, le fils cadet demanda à l'ingénieur en chef de préparer le matériel, les hommes et les équipements pour gravir la montagne et ouvrir la mine qu'il avait vue grâce à sa Vision intérieure. Quand ils furent prêts, le fils se tint à l'écart et centra fermement son attention sur Dieu individualisé en lui, sachant qu'il serait infailliblement dirigé pour localiser la mine et que, ainsi, il n'aurait ni problème ni retard pour se rendre directement à l'endroit qui lui avait été montré. Il mit un grand nombre d'hommes au travail, et, en soixante jours, la mine était suffisamment ouverte pour qu'ils localisent le filon d'or le plus riche jamais découvert en Amérique du Sud jusqu'à ce jour. La découverte et l'exploitation de cette mine nous sont parvenues sous forme de légendes populaires. Après cet exploit, le fils cadet revint chez lui, chaudement acclamé par le peuple. Son père, Saint Germain, son frère aîné et sa soeur lui donnèrent leur bénédiction.

La mine se trouvait à une altitude de deux mille quatre cents mètres, et pendant que le fils du roi vivait là-haut, il devint très sensitif, ce qui se produit *toujours* à haute altitude. À son retour au palais, il ressentit distinctement que le moment du grand passage approchait pour l'Inca; il savait que son décès était proche.

Le jour du couronnement du fils aîné arriva, à partir duquel il assumerait légalement et publiquement les responsabilités du royaume. La famille royale demanda à leur Ami et Maître bien-aimé de couronner lui-même le nouveau monarque, ce qu'il accepta gracieusement. Les grands préparatifs étaient terminés. La cérémonie était rendue au moment crucial du couronnement. Mais tout le monde remarqua que Saint Germain ne fit aucun effort pour prendre la couronne.

Tout à coup apparut un jaillissement de 'Lumière' éblouissante: devant eux se tenait un Être extraordinairement beau. On aurait dit une jeune fille de seulement dix-huit ans, mais de ses yeux et de sa 'Présence' émanait un Rayonnement rempli de l'Amour, de la Sagesse et de la Puissance d'une Fille de Dieu. La Lumière qui remplissait l'atmosphère autour d'elle avait la blancheur du cristal, vibrant et scintillant constamment.

Elle tendit ses mains délicates vers celui qui tenait la couronne; puis elle la leva et, avec une grâce infinie, la plaça sur la tête du fils aîné. D'une voix merveilleusement mélodieuse elle dit:

«Frère bien-aimé de la Cité d'Or, je place sur votre tête l'Amour, la Lumière et la Sagesse dont cette couronne est le symbole. Puissent votre justice, votre honneur et votre noblesse durer toujours. Par Ordre divin, je régnerai avec vous, invisible pour tous à l'exception de ceux de la Cité d'or qui se trouvent ici.»

Le nouveau roi s'agenouilla pour recevoir la couronne. Cet Être merveilleux se pencha et lui baisa le front. Puis, se tournant vers les invités, elle étendit les mains et les bénit. Instantanément une douce Lumière rose, qui était le rayonnement de Son Amour pour eux, remplit la salle entière. Elle bénit l'ancien roi et, se tournant vers sa fille, elle l'embrassa avec affection. Elle tendit la main au fils cadet qui, s'agenouillant, l'embrassa avec révérence.

Montant sur le trône, le nouveau roi s'inclina devant ses invités. Présentant son bras à cet Être radieux, il se dirigea vers la salle du banquet, puis ils célébrèrent le couronnement par un festin. Donnant le signal de s'asseoir, il leur dit:

«Mon grand peuple bien-aimé! Je sais qu'il n'est qu'Une seule 'Présence' Suprême - Dieu - qui gouverne tout, dans l'humanité et dans l'Univers. C'est mon désir, plus que jamais, de vivre de façon à ce que mon mental et mon corps soient de purs canaux de la Suprême 'Présence' intérieure, ainsi que sa parfaite expression. Puissiez-vous, mes amis, mon peuple, notre pays et ses activités, être toujours bénis du sublime Amour de Dieu, de Sa paix, de Sa santé et de Son bonheur. Puisse cet empire qui est le domaine de Dieu, et dont nous ne sommes que les gardiens, continuer à prospérer abondamment. L'Amour de Dieu qui est en moi vous couvrira toujours, et je demande que la 'Lumière' Éternelle de Dieu vous élève à Sa Perfection divine.»

Durant le banquet, l'ancien roi devint de plus en plus pâle. Le nouveau monarque fit un signe à son frère qui se rendit près de son père et l'aida à rejoindre sa chambre privée. Le roi s'allongea et demeura immobile pendant près de quatre heures. Ses enfants ainsi que le Maître Saint Germain et l'Être céleste restèrent à son chevet. Lorsqu'arriva le dernier instant de son temps terrestre, l'Être céleste se rapprocha du lit où reposait le roi, et elle lui dit:

«Frère Inca: Tu as cru que tu abandonnerais ton corps à l'action des quatre éléments. Mais je te le dis, il sera Élevé, Transmuté et Illuminé en Éternel 'Temple de Dieu', et il n'exprimera que Perfection totale. Ton grand service t'a libéré de la roue de la naissance et de la soi-disant mort. Maintenant les Maîtres d'Ascension Immortels t'accueillent, et tu es Un avec eux pour toujours.»

Lentement, le corps fut élevé à sa Perfection éternelle puis il disparut complètement. Saint Germain se tourna vers ceux qui étaient présents.

«Mon oeuvre ici est terminée», dit-il. Il s'avança et plaça un anneau peu ordinaire au troisième doigt de la main droite du nouveau roi. La pierre était un petit globe lumineux fait d'une substance précipitée qui ressemblait à de la perle. En son centre se trouvait une minuscule Flamme bleue. C'était un foyer de 'Lumière' pareil aux globes que Saint Germain avait offerts au père du roi pour éclairer le palais.

«Acceptez ceci, dit-il, de la part du Maître de la Cité d'Or. Il vous demande de le porter en tout temps.» Leur disant au revoir et s'inclinant gracieusement, il disparut de leur vue.

Les trois enfants de l'Inca avaient des corps parfaits grâce aux enseignements qu'ils avaient reçus du Maître Saint Germain durant leur enfance, alors qu'il venait quotidiennement de la Cité d'Or pour les préparer à leur futur service envers le peuple. Ils avaient tous de magnifiques cheveux dorés et des yeux violets bleutés. Les deux fils mesuraient bien un mètre quatre-vingt-dix et la fille environ un mètre soixante-dix. Leur contenance était naturelle, très digne, révélant la Maîtrise intérieure qu'ils avaient acquise durant leur formation. Au moment de son accès au trône, le fils aîné avait soixante-huit ans, mais paraissait n'en avoir que vingt-cinq. Même au moment de quitter cette Terre aucun d'eux ne semblait plus âgé que cela. Le nouveau roi régna pendant quarante-sept années, atteignant l'âge de cent quinze ans. La fille vécut jusqu'à l'âge de cent treize ans, et le cadet, jusqu'à cent onze ans.

Les Incas de cette époque avaient les yeux et les cheveux foncés, et leur peau ressemblait à celle des Indiens d'Amérique. Ceux qui s'incarnèrent parmi la masse du peuple inca n'étaient pas des âmes très avancées comme ce fut le cas pour d'autres civilisations antérieures, l'Égypte, l'Atlantide et le désert du Sahara, par exemple. C'est pour cela que l'Assemblée des Maîtres d'Ascension, qui participe à l'expansion de la Lumière chez les humains, donna au chef Inca, à ses enfants et aux quatorze de la Cité d'Or la responsabilité du gouvernement et du peuple, afin d'implanter la structure qui servirait de modèle aux activités futures. Ils conçurent une forme de gouvernement et un plan de développement qui, s'ils avaient été suivis, auraient permis à la civilisation entière d'atteindre un très haut niveau de réalisation extérieure, et, simultanément, de recevoir une profonde Illumination intérieure.

Alors qu'approchait le moment de sélectionner un dirigeant parmi les Incas eux-mêmes pour succéder au roi et à ses associés, c'est avec grand soin que le choix se porta sur ceux qui étaient les plus avancés intérieurement. Quatorze individus furent choisis pour remplacer ceux de la Cité d'Or. Pendant quarante-sept années, l'Être céleste était apparue chaque jour au roi, lui prodiguant, par son Rayonnement de Lumière, aide et conseils afin que Force et Sagesse soient l'énergie directrice du peuple.

Les successeurs du roi et des quatorze Êtres de la Cité d'Or furent convoqués en présence de leur sage roi bien-aimé et de l'Être céleste qui, pour la première fois, se rendirent visibles à leurs yeux. La 'Lumière' qui l'entourait s'intensifia fortement, et elle leur dit:

«Pendant plus de quatre-vingt-dix ans les grands Maîtres d'Ascension ont instruit, illuminé, béni et enrichi cet empire et ce peuple. L'exemple se trouve devant vous. Si vous le suivez, prospérité et bénédictions continueront pour votre pays. Si vous ne maintenez pas votre Amour *d'abord* pour l'Être Suprême individualisé qui habite en vos coeurs, et si vous ne L'acceptez pas *continuellement* en tant que Gouverneur de cet empire, la décadence s'installera, et la splendide perfection dont vous avez bénéficié pendant plus d'un siècle tombera dans l'oubli. Je vous remets entre les mains du grand Être Suprême Présent en tous. Puisse-t-il vous protéger, vous guider et vous éclairer toujours.»

C'est ici que la preuve visible de la réalité de l'Être Suprême individualisé pour chaque être humain fut montrée à ceux qui devaient présider à la destinée future de l'empire. Cette preuve visible sera également donnée aux peuples de l'Amérique actuelle.

Alors, en présence du nouveau monarque et de ses associés, le roi et les quatorze de la Cité d'Or sortirent de leur corps, et révélèrent leur Être Suprême individualisé, chacun le rendant *visible* aux yeux de tous ceux qui étaient présents. En quelques instants, leur corps physique disparut en se dissolvant dans l'air ambiant.

«Ainsi, m'expliqua Saint Germain, vous est révélée la mémoire d'une ancienne existence, les bénédictions et les résultats qu'on atteint en acceptant avec Amour la 'Présence' du Maître Suprême intérieur. Maintenant, retournons au Teton Royal.»

Nous atteignîmes l'entrée et allâmes directement à la salle d'audience. Là, sur les murs, se trouvaient les portraits gravés dans l'or, qui avaient été transférés de l'ancien temple de Mitla. Nous rendant à la salle des archives, je vis celles que les Êtres Lumineux avaient emportées. D'autres choses ont été transférées ici, mais il ne m'est pas permis d'en parler.

Alors que ces expériences se terminaient, je prenais conscience, du moins en partie, de ce qu'est l'*Amour véritable*; car il n'est pas possible d'expliquer le profond sentiment d'Amour et de reconnaissance que j'éprouve pour les Maîtres d'Ascension après avoir pu vivre ces événements depuis ma première rencontre avec Saint Germain. Cela ne pourra jamais être mis en mots. Il ne vous reste alors qu'un seul et irrésistible désir dans la Vie, et c'est d' "ÊTRE" ce qu'ils sont.

C'est alors qu'on commence à comprendre ce que Jésus voulait dire par la Maison du Père, et où se trouve la vraie demeure de l'Âme. Quand un individu a véritablement expérimenté, ne serait-ce qu'une seule seconde, la Félicité Sublime qui Émane d'un Maître d'Ascension, il n'est rien, dans l'expérience humaine, qu'il ne pourrait supporter ou sacrifier afin d'atteindre ce même niveau de réalisation; et rien qu'il ne ferait pour exprimer une telle Maîtrise et un tel Amour. On sait ainsi, avec certitude, qu'une telle Perfection est destinée à tous les enfants de Dieu et qu'elle est aussi réelle que peut l'être la réalité. Même la vie la plus heureuse qu'un humain puisse vivre n'est guère plus qu'une croûte existentielle comparée à l'État d'Ascension de ces Grands Êtres. Les plus belles créations soi-disant parfaites des êtres humains avec leur orgueil et leur vanité, sont bien grossières et primitives comparées à la Liberté, à la Beauté, à la Splendeur et à la Perfection qui sont partie intégrante du vécu quotidien de tous ceux qui, comme Jésus, ont élevé leur corps.

Alors qu'il était temps que je retourne à mon corps, un profond sentiment d'Amour et de gratitude envers Saint Germain m'envahit. Il se rendit compte de ce que je ressentais et comprit mon état intérieur.

«Mon fils, me dit-il, vous ne pouvez recevoir ce que vous n'avez pas gagné. Vous méritez cela, et bien plus encore, comme vous le verrez prochainement. Cependant, rappelez-vous que ce qui semble mystérieux ne l'est qu'à cause d'un manque de compréhension. Une fois compris, tout événement inhabituel paraît bien naturel et conforme à la Loi. La Vérité que voici restera gravée dans votre mémoire pour toujours, et c'est celle-ci:

«Chacun des enfants de Dieu qui reconnaîtra et acceptera la 'Présence' de l'Être Suprême ancrée dans son coeur et son cerveau, et qui ressentira profondément cette Vérité plusieurs fois par jour, prenant conscience et sachant que Dieu remplit son mental et son corps de tant de 'Lumière' qu'il n'y a plus de place pour rien d'autre, chacun qui fait cela deviendra Libre. La grande 'Présence' de l'Être Suprême est l'activité harmonieuse toute-puissante dans la Vie et les affaires de tout individu; et si son attention demeure, avec détermination, fermement fixée sur cette Vérité Éternelle, alors il n'est pas de Victoire trop grande qu'il ne puisse atteindre.

«Il n'est qu'Une seule Source et qu'Un Principe de Vie

auquel nous devrions donner une attention sans partage, et c'est l'Être Suprême intérieur individualisé en tous. Le moi personnel devrait, en tout temps, porter son attention consciente sur la grande Présence Harmonieuse de l'Être Suprême individualisé, et demeurer en constante Communion intérieure avec ce Soi-Divin, quelle que soit l'activité extérieure du mental. Cet Être Suprême individualisé est l'Énergie de Vie qui, à chaque instant, s'écoule à travers le corps physique, et grâce à qui tout individu est capable de fonctionner dans le monde de la forme. Il est la Sagesse qui s'écoule à travers le mental, la Volonté qui dirige toute activité constructive, le Courage et la Force qui soutiennent chacun, le Sentiment d'Amour Divin par lequel on peut colorer toute force alors qu'elle s'écoule à travers l'individu. Il est l'Unique Puissance qui soit capable d'accomplir quelque chose de bon. Il est la Victoire totale de l'Autorité Consciente sur toutes les conditions de l'activité humaine, quand on Lui donne la liberté de s'exprimer à travers le moi personnel sans aucune résistance ni interruption.

«Ce Maître Suprême individualisé en vous est le Souverain Absolu de toute la création, et la seule Source fiable, Éternelle et inépuisable qui puisse réellement vous aider dans la vie. Ce n'est que par Son Amour, Sa Sagesse et Sa Puissance qu'une personne peut atteindre la Maîtrise de l'Ascension, parce que l'état de constante et de consciente communion avec cet Être conduit à la Liberté et à la Victoire sur toutes les créations humaines. Quand je dis créations humaines, je veux dire tout ce qui est discordant et moins que

Parfait.»

Nous retournâmes près de mon corps. Dès que je l'eus réintégré, Saint Germain me prit les mains et fit passer en moi un courant d'Énergie divine afin de me renforcer. Instantanément, je me sentis revivifié de corps et d'esprit. Je m'assis, et, centrant très intensément mon attention sur la 'Présence de Dieu' en moi, j'offris une prière de reconnaissance pour les immenses bénédictions que j'avais eu le privilège de recevoir. Il s'inclina gracieusement et disparut.

Chapitre 6

Les Cités enfouies d'Amazonie

Peu de temps après, alors qu'un soir j'étais en train de travailler, j'entendis distinctement la voix de Saint Germain: «Soyez prêt pour neuf heures ce soir, je viendrai vous chercher», dit-il.

Je devins aussitôt très alerte. Je terminai mon travail, pris mon bain et me préparai à dîner tôt. «Je vous apporterai la nourriture qu'il faut», expliqua-t-il. Aussi, j'attendis et entrai le plus profondément possible en méditation, reconnaissant uniquement la Parfaite Manifestation de Dieu.

À neuf heures exactement, il apparut dans ma chambre en vêtements faits d'une Substance brillante comme du métal et semblable à de l'acier poli mais qui, au toucher, faisait penser à un mélange de soie très douce et de caoutchouc très léger. J'étais tellement fasciné en touchant ce tissu extraordinaire que je me dégageai de mon corps et m'en rendis compte seulement quand je le vis qui reposait sur le lit. M'avançant vers le grand miroir de la porte, je vis que mes vêtements étaient identiques à ceux de Saint Germain. Cela me surprit, et je ne comprenais pas pourquoi ils étaient différents de ceux que j'avais utilisés auparavant. Il perçut la question dans mon mental et me répondit:

«Mon fils, essayez de prendre conscience que, dans l'état atteint par l'Ascension, on est toujours libre d'employer la pure Substance Universelle, quel que soit le but fixé; et on est libre de lui imprimer la qualité particulière que l'on désire selon les besoins du moment. Si nous voulons employer un tissu indestructible, nous imprimons cette qualité à la Substance Universelle, et elle réagit en conséquence. Si nous désirons manifester une forme pour une durée de temps déterminée, nous donnons à la Substance dont elle est composée la qualité ou l'ordre correspondant, et la forme se manifeste ainsi. Dans ce cas-ci, nous allons nous déplacer dans l'eau, et le Rayonnement qui se dégage du tissu de votre vêtement enveloppera votre corps subtil de manière à l'isoler des qualités et des activités naturelles de l'élément eau.

«Essayez de penser à cette Puissance qui est à l'intérieur de vous. Appelez à votre service le grand océan de Substance Universelle auquel vous pouvez puiser sans limite. *Sans exception*, cette Substance se conforme à la direction de la pensée, et elle enregistre toute coloration qu'on lui impose au moyen de l'activité naturelle de ressentir.

La Substance Universelle obéit à votre volonté consciente *en tout temps*. Elle réagit constamment à ce que les humains pensent et ressentent, qu'ils en aient conscience ou non. Il n'est pas une seconde où les êtres humains n'impriment à cette Substance une coloration donnée. Et c'est uniquement par la connaissance du fait que l'individu peut manipuler et contrôler consciemment un océan illimité de cette Substance, qu'il commence à découvrir ses propres Pouvoirs Créateurs ainsi que les *responsabilités* qui lui incombent relativement à l'*usage* qu'il fait de ses pensées et de ses sentiments.

«Durant des siècles, l'humanité a coloré la Substance Universelle des qualités de destruction et de limitation; par conséquent, les corps dont elle se sert aujourd'hui expriment ces caractéristiques. L'ensemble de la race humaine génère des tempêtes de haine, de colère, de revanche, et une grande violence de sentiments; de sorte que les quatre éléments, ayant enregistré ces colorations discordantes, les retournent aux humains par la Nature sous forme de tempêtes. Les Terriens produisent des tourbillons de pensées et de sentiments destructeurs sous forme de ressentiment qu'ils éprouvent les uns envers les autres, de ressentiment contre l'injustice, contre les endroits et les choses, générant ainsi, consciemment et inconsciemment, des *sentiments* de revanche. Le grand océan de Substance Universelle, qui enregistre toute cette coloration, la retourne finalement à son point de départ - l'individu lui-même - par l'intermédiaire des quatre éléments, ce qui produit les cataclysmes naturels.

«Ces activités sont simplement le moyen dont la Nature se sert pour se purifier et se défaire de la contamination humaine produite par les pensées et les sentiments discordants, afin qu'elle puisse retrouver son état originel de Pureté Divine.

«À chaque instant, toute personne reçoit dans son

mental et dans son corps la Vie Pure et Parfaite de Dieu. De même, à chaque instant, toute personne donne à la Pure Substance Universelle de Dieu une coloration spécifique. Cette couleur ou qualification que la personne génère lui revient nécessairement dans son mental et dans son corps, parce que tout dans l'Univers suit un mouvement circulaire et donc revient à son point d'origine. Les Maîtres d'Ascension ont appris la 'Loi du Cercle' - la 'Loi de l'Un'. C'est pourquoi nous imprimons à la Pure Substance Universelle *uniquement* la qualité que nous voulons utiliser pour le service spécifique du moment. Si nous désirons produire quelque chose de temporaire, nous donnons l'ordre, et la Substance qui compose cette chose réagit en conséquence.

«Dans le cas des archives du Teton Royal et de quelques Retraites de cette planète, notre service demande que certains objets soient indestructibles afin de durer des siècles. Nous décrétons que cette qualité les pénètre, et ils enregistrent exactement notre décret parce que la Nature ne ment jamais. Elle est une enregistreuse Fidèle des qualités qui vibrent dans son Environnement. Elle nous obéit et obéit aussi aux êtres humains, à la différence qu'ils ignorent - ou refusent obstinément de reconnaître - sa Loi d'Action. À cause de cette ignorance et de cet entêtement, ils en *paient* le prix encore et encore, jusqu'au moment où le moi personnel de l'individu apprend et accepte vraiment cette Vérité Éternelle fondamentale: 'La Loi de l'Un' - 'La Loi d'Amour' - 'La Loi d'Harmonie' - 'La Loi du Cercle' - 'La Loi de Perfection'. Lorsque l'humanité apprendra vraiment cette Vérité et obéira à son Éternel Décret, les discordes de la Terre et les actions destructrices des quatre éléments cesseront.

«La Nature possède une Force innée de génération et de purification qui est ascendante; elle rejette tout ce qui est en désaccord avec la 'Loi de l'Un'. Cette force ou Énergie est une Pression agissant de l'intérieur vers l'extérieur: c'est la Puissance Une en expansion. Si la discorde est imposée à la Pure Substance Universelle, alors l'Énergie Électronique se trouve temporairement enfermée. Quand l'accumulation de cette énergie atteint une certaine pression, l'expansion se produit, brisant discordes et barrières. C'est ainsi que 'la Grande Vie de l'Être', 'l'Essence Lumineuse en perpétuelle expansion dans l'Univers', Dieu en Action, est plus puissante que toute forme d'opposition, et poursuit sa Destination en Maître Suprême de l'Univers. Les Maîtres qui ont fait leur Ascension savent cela, et ils sont 'Un' avec cette Connaissance.

«Les êtres humains aussi peuvent acquérir cette Connaissance et faire 'Un' avec elle, si seulement ils le veulent. Cela est faisable et possible pour tous, parce qu'il s'agit du principe inné Éternel *contenu* dans toute Vie Soi-Consciente. Tous les êtres humains font partie de la Vie Soi-Consciente. Ce Principe ne pratique aucun favoritisme, et *tout le monde* peut l'exprimer dans sa plénitude. Dans la Substance de Vie de chaque être humain se trouve la Puissance par laquelle il est capable d'exprimer *tout* ce que les Maîtres d'Ascension expriment à chaque instant, pourvu qu'il choisisse de le faire.

La Volonté est contenue dans toute Vie, mais c'est uniquement la Vie Soi-Consciente qui est libre de déterminer ses moyens d'expression. Ainsi, l'individu a le libre choix d'exprimer soit un corps humain limité, soit un Corps Divin au-delà de l'humain. C'est lui qui choisit son propre champ d'expression. Il est un *Créateur* qui se détermine lui-même. Il a choisi de vivre une Vie Soi-Consciente et il a voulu vivre une telle Vie.

«Lorsqu'un être s'individualise dans l'Absolu - la Vie qui pénètre tout - il choisit, au moyen de son libre arbitre, de devenir un foyer individuel intensifié d'Intelligence Soi-Consciente. Il est le gouverneur conscient de ses activités futures. Ayant donc déjà fait son choix, il est le seul être à pouvoir accomplir cette destinée qui n'est pas un ensemble de circonstances inflexibles, mais un plan précis de Perfection. C'est un modèle qu'il choisit de manifester dans le monde de la forme et de l'action. Ainsi vous voyez, mon fils, qu'un être humain peut en tout temps se déterminer à s'élever au-dessus de ses énergies humaines, de ses limites; et s'il veut donner *toute* sa Vie, son Énergie, à cette détermination, il réussira. Ceux d'entre nous qui ont élevé leur corps ont atteint l'Ascension en remettant *tout* à l'Être Suprême *intérieur*; par conséquent, Il exprime à travers nous Ses Qualités Parfaites: 'Le Plan Divin de Vie'. Venez, nous partons.»

Dès le début du voyage, j'étais conscient que nous avancions en direction du Sud et de l'Est. Nous survolâmes Salt Lake City, la Nouvelle-Orléans, le Golfe du Mexique, les Bahamas; puis nous aperçûmes comme un ruban argenté que je savais être un fleuve. Nous allâmes jusqu'à son embouchure. Tout en avançant, la Voix de l'Être Suprême en moi dit: «C'est l'Amazone.»

«Maintenant, me dit Saint Germain, soyez conscient que l'Être Suprême qui est en vous est constamment aux commandes, et qu'Il est Maître de toute situation.»

Aussitôt, nous commençâmes à descendre, et peu après nous touchions la surface de l'eau. Elle paraissait aussi dure que la terre ferme, et à son contact je ressentis une grande surprise. Saint Germain m'expliqua que nous pouvions aussi bien aller sous l'eau que rester en surface, parce que nos vêtements rayonnaient une aura protectrice s'étendant à une grande distance de nos corps, et contenaient les qualités requises pour nous permettre d'explorer les couches intérieures de la Terre et les profondeurs marines.

«Ceci, dit-il, est dû à ce que les scientifiques appelleraient un 'champ de force électrique' autour de nos corps. Cependant, la force électronique qui enveloppe ces vêtements est une électricité plus puissante et plus subtile que celle qui est connue dans votre monde physique. Le jour viendra où les hommes de science aussi la découvriront, et ils se rendront compte qu'elle existe dans l'atmosphère depuis toujours, mais qu'ils ne savaient pas comment la canaliser et la contrôler pour la mettre au service de l'humanité. Cette Énergie est bien plus facile à gouverner par le mental que par des appareils physiques, bien qu'il soit également possible de la concentrer et de la diriger par des moyens physiques. Ce que le monde extérieur appelle électricité n'est qu'une forme grossière de la grande Énergie Spirituelle de Vie. Elle existe partout à travers la Création. Au fur et à mesure que l'individu s'élève et maintient sa conscience en étroit contact avec son Maître Suprême intérieur, il découvre les énormes possibilités de cette force et de cette puissance supérieures; et le service qu'elles offrent à l'être humain est Infini compte tenu du travail créateur qu'il peut alors accomplir dans toutes ses activités.»

Nous pénétrâmes dans l'eau, traversant cet élément sans la moindre résistance. La nouveauté de l'expérience m'alarma quelque peu, mais je me rappelai instantanément la mise en garde de Saint Germain d'être conscient uniquement de l'Être Suprême en moi, le Maître de toutes conditions. Nous approchions maintenant de la rive. Nous passâmes au-dessus de plusieurs crocodiles qui nous virent sans que notre présence les dérange. Avançant vers l'intérieur des terres, nous atteignîmes ce qui ressemblait au sommet d'un monument.

«Il s'agit du sommet d'un obélisque de dix-huit mètres», me dit Saint Germain. «Trois mètres seulement sortent de terre. Il marquait le point le plus élevé d'une importante cité qui fut ensevelie durant le dernier cataclysme, quand l'Atlantide fut submergée. L'obélisque est fait d'un métal indestructible, et il est couvert d'hiéroglyphes de cette période. Remarquez comme ils sont bien lisibles; et ils le resteront grâce à la nature de ce métal. Originellement, cette cité fut construite à quinze kilomètres du fleuve, mais, au moment du cataclysme, l'embouchure s'élargit de plusieurs kilomètres.»

Nous élevant du sol, nous continuâmes en suivant l'Amazone jusqu'au point de longitude cinquante-six degrés Ouest. Nous y fîmes quelques observations puis nous avançâmes jusqu'au point soixante-dix degrés Ouest. Saint Germain m'expliqua que c'était là que nous ferions d'autres recherches. Il mentionna la section de l'Amazone située entre ces deux points ainsi que deux de ses principaux affluents, les fleuves Jurua et Madeira.

«Cette civilisation, me dit-il, fut bâtie durant la période qui commença il y a quatorze mille ans et prit fin il y a douze mille ans. La partie du pays qui nous intéresse va du point où le fleuve Madeira se jette dans l'Amazone jusqu'à un point plus à l'ouest où l'Amazone rejoint la Colombie et le Pérou. Il y a treize mille ans, l'Amazone coulait à l'intérieur de grandes digues de pierres. Tout le pays environnant se trouvait à une altitude d'au moins mille cinq cents mètres, et, au lieu du climat tropical actuel, il y avait un climat semi-tropical durant toute l'année.

«Sur une grande distance, ce pays formait une mesa, un plateau. Près de l'embouchure de l'Amazone, il y avait de splendides chutes d'eau très larges. La ville où nous avons vu l'obélisque était construite entre les chutes et la côte, à une quinzaine de kilomètres du fleuve. Dans le fleuve Orénoque, au nord, on trouvait de grands reptiles et des animaux féroces.» Nous atteignîmes un endroit près du fleuve Madeira, et Saint

Germain continua:

«Voici le site d'une ancienne cité, la capitale de l'empire et l'endroit le plus important de la civilisation d'alors.» Il leva la main et la cité devint aussi visible que n'importe quelle ville physique d'aujourd'hui. «Remarquez, me dit-il, la construction en série de cercles, et comment les rues marchandes partent du centre comme les rayons d'une roue à partir du moyeu. Les cercles extérieurs étaient des allées de promenade distantes les unes des autres de cinq kilomètres. Il y en avait sept, la ville ayant un diamètre de soixante-quatorze kilomètres, incluant le cercle central. Ainsi, les activités commerçantes ne dérangeaient en rien la beauté et la quiétude des allées.

«Le cercle central avait un diamètre d'environ six kilomètres; c'est là qu'on trouvait les édifices gouvernementaux de tout l'empire. Les rues étaient toutes magnifiquement pavées et construites entre quarante-cinq et soixante centimètres plus bas que les bâtiments et les jardins. Elles étaient arrosées tous les matins et lavées à fond avant le début des activités quotidiennes.

«Remarquez la beauté peu ordinaire des allées de promenade et la splendeur remarquable des tertres de fleurs de chaque côté. Une des principales caractéristiques de leur architecture était l'étage supérieur de la plupart des édifices, les résidences surtout, qui était recouvert d'un dôme ajustable. Formés de quatre sections, ces dômes pouvaient s'ouvrir ou se fermer à volonté, et servir pour le sommeil ou les loisirs. Les journées n'étaient jamais trop chaudes, et le soir un agréable air frais descendant des montagnes soufflait sans exception.»

Nous entrâmes dans le capitole, édifice énorme et magnifique. La finition intérieure était en marbre couleur crème, veiné de vert. Le plancher, en pierres foncées vert mousse dont la texture ressemblait à du jade, avait été posé avec une telle perfection qu'il semblait être fait d'un seul morceau. Dans la rotonde, il y avait de grandes tables du même vert que le plancher, mais plus clair. Elles avaient de solides pieds de bronze à environ quatre-vingt-dix centimètres de chaque extrémité. Alors, Saint Germain tendit la main: nous nous trouvions en présence de gens qui circulaient dans les maisons et à l'extérieur.

J'en eus presque le souffle coupé: devant mes yeux se trouvait toute une race de gens ayant des cheveux dorés et un superbe teint rose et blanc. Les hommes mesuraient facilement un mètre quatre-vingt-dix, et les femmes, près d'un mètre quatre-vingts. D'un superbe bleu violet, très clairs et brillants, leurs yeux exprimaient une grande et calme Intelligence. Empruntant une porte sur notre droite, nous entrâmes dans la salle du trône de l'empereur. De toute évidence, c'était le jour des audiences, car il recevait des invités locaux et étrangers. «Voici l'empereur Casimir Poséidon», me dit Saint Germain. «Il était vraiment Dieu Incarné. Remarquez la douce noblesse de son visage et, pourtant, son énorme puissance intérieure. Il était et Il est l'un des Maîtres d'Ascension, béni et profondément aimé. Pendant plusieurs siècles, les mythes et les fables en ont conservé le souvenir; la perfection de son royaume fut relatée dans des poèmes épiques, mais, avec les millénaires, la mémoire de grandes réalisations comme celle-ci s'évanouit et les faits sont presque toujours oubliés des générations qui suivent.»

Casimir Poséidon était en tous points un dirigeant remarquable. Il mesurait un mètre quatre-vingt-treize. Il était bien bâti et droit comme une flèche. Quand il était debout il dépassait tout le monde, et l'atmosphère semblait remplie de sa Maîtrise. Il avait une chevelure dorée abondante qui descendait jusqu'aux épaules. Sa robe royale était faite d'un tissu ressemblant à du velours soyeux de couleur violette et garni d'or. Sous cette robe, il portait un vêtement étroit en tissu souple et doré. Sa couronne était un simple bandeau d'or qui maintenait un énorme diamant au milieu du front.

«Ces gens, me dit Saint Germain, étaient en contact avec toutes les parties du monde grâce à une extraordinaire navigation aérienne qui était mise à leur service. Toute la lumière, la chaleur et l'énergie étaient tirées directement de l'atmosphère. Durant cette époque, l'Atlantide avait atteint un très haut degré d'avancement parce qu'elle était gouvernée et instruite sur la voie de la Perfection par différents Maîtres d'Ascension qui se présentaient de temps à autre et gouvernaient pour l'élévation spirituelle de tous.

«Encore et encore au cours des âges, chaque fois qu'est apparue une grande civilisation, elle a été, au départ, fondée sur des Principes spirituels, et elle a obéi à ces Lois de la Vie durant sa période ascendante. Cependant, dès qu'un gouvernement ou que la population elle-même commence à se laisser aller et que l'injustice et la dépravation des moeurs deviennent une habitude, que ce soit chez les dirigeants ou parmi le peuple, la désintégration s'installe et continue jusqu'à ce que les individus reviennent aux Lois Fondamentales d'Équilibre et de Pureté; sans quoi, leur propre discorde les élimine afin que l'Équilibre puisse être ré-établi, et qu'un nouveau départ ait lieu.

«Casimir Poséidon était un descendant direct des grands Maîtres d'Ascension qui gouvernaient l'Atlantide. En fait, la civilisation qu'il dirigeait était l'héritière de la culture et des connaissances atlantéennes. Sa capitale était célèbre dans le monde pour sa splendeur et sa beauté. En regardant les paysages ruraux, observez la méthode de transport des objets. L'énergie dont se servaient ces gens était produite par une boîte de soixante centimètres de côté et de quatre-vingt-dix centimètres de longueur qui était fixée au mécanisme de l'appareil à utiliser. L'alimentation en eau provenait des rivières qui, de plus, fournissaient de l'Énergie. Il n'y avait aucun besoin de police ou d'armée grâce à la méthode qui rappelait aux gens 'la Loi' et grâce au merveilleux rayonnement d'énergie qui leur permettait d'y obéir.»

Vers l'Est, dans le parc, il y avait un édifice splendide. Nous nous approchâmes. Au-dessus de l'entrée étaient inscrits les mots: "Le Temple Vivant de Dieu pour l'Homme". Une fois à l'intérieur, il paraissait bien plus grand que vu de dehors. Il devait y avoir au moins dix mille places assises. Au centre de ce temple immense se trouvait un piédestal carré d'environ soixante centimètres de coté et six mètres de hauteur. Il était fait d'une Substance Luminescente, blanche comme du lait, qui rayonnait une Lumière blanche légèrement rosée. Au sommet du piédestal reposait un globe de cristal de soixante centimètres de diamètre dont la Substance contenait une Lumière blanche inextinguible. Elle était très douce et pourtant tellement lumineuse que tout l'édifice était superbement éclairé.

«Cette sphère, me dit Saint Germain, était faite d'une Substance précipitée et elle contenait un intense Foyer de 'Lumière'. Il fut concentré et placé à cette époque dans le temple par l'un des grands Maîtres Cosmiques afin de renforcer et de Vitaliser les gens. Cette sphère rayonnait constamment, non seulement la 'Lumière', mais aussi une Énergie et une Puissance qui stabilisaient leurs activités et l'empire.

«La sphère de 'Lumière' a été focalisée par cet Être Cosmique, et l'édifice fut érigé autour par la suite. C'était véritablement un Foyer précipité et une Activité concentrée de la 'Présence' du Dieu Suprême. Ce grand Maître Cosmique se manifestait une fois par mois près de la sphère de Lumière et proclamait 'La Loi de l'Être Suprême', 'La Loi de Gouvernement' et 'La Loi de l'être humain'. Ainsi, il décrétait la façon Divine de vivre la Vie. Il était le Foyer de l'Activité du Christ pour le peuple de cette époque.»

C'est alors que Saint Germain étendit à nouveau la main: des images vivantes et parlantes de cet Être

Cosmique se présentèrent devant nous. Il est absolument impossible de décrire en mots la Splendeur de cette 'Présence'. Je peux seulement dire qu'il était véritablement l'Expression parfaite d'un Fils de Dieu. Peu après, j'entendis ce grand Maître Cosmique proclamant 'La Loi' au peuple. L'Image éthérique, la Majesté de cette 'Présence' et de ce 'Décret' sont gravées pour l'éternité dans ma mémoire tant ils demeurent clairs dans ma conscience. Je vous rapporte Son Décret tel que je le vois devant moi.

«Enfants bien-aimés de l'Unique Être Suprême! Ne savez-vous pas que la Vie que vous utilisez provient de la 'Suprême Présence Une', éternellement Pure, Sainte et Parfaite? Si vous ternissez la Beauté et la Perfection de cette Vie Une, vous vous privez des Dons de Dieu. Votre Vie est le Joyau sacré de l'Amour que Dieu a pour vous, Lui la 'Source' de tous les secrets de l'Univers.

«Votre Dieu Suprême vous confie la 'Lumière' de Son propre Coeur. Chérissez-La! Adorez-La! Permettez-Lui toujours de s'épanouir et de se déployer en une Lumière et une Splendeur de plus en plus grandes. Votre Vie est la 'Perle de grand Prix'. Vous êtes le Gardien des richesses de Dieu. Veillez à ne les utiliser que pour Lui seul. Sachez que vous avez reçu la 'Lumière de la Vie' et que vous devrez rendre compte de l'usage que vous en faites.

«La Vie est un Cercle continu, le Principe même sur lequel est bâtie votre cité. Si vous créez ce qui est semblable à votre 'Source', sachant que Son Amour et

Sa Paix se trouvent au-dedans de vous, et si vous utilisez votre Puissance Créatrice uniquement pour bénir, alors, le long du cercle de votre existence, vous ne connaîtrez que la Joie de la Vie, et il vous en sera donné plus encore. Si vous ne créez pas ce qui est semblable à votre 'Source', les maux que vous générez se retourneront contre vous et en attireront d'autres de leur espèce.

«Vous seul choisissez votre destinée, et vous seul devez répondre à Dieu de l'usage que vous faites de cette 'Vie' qui est votre Être. Personne ne peut se soustraire à la Grande Loi. Cette 'Loi de Vie', je la proclame depuis longtemps. C'est la Loi de 'L'Être individualisé'. Vous êtes à cet Être, parce que vous avez toujours la possibilité d'atteindre Celui qui Est votre Dieu, si vraiment vous désirez la Perfection de la Vie.

«Je ne viendrai pas toujours comme aujourd'hui pour vous maintenir sur le Sentier de la Vérité et vous rappeler la Réalité de votre Lumière en me tenant au sommet d'une montagne pour vous guider. Dans un futur lointain, je parlerai de l'intérieur du Coeur de l'homme, et, si vous aimez la Vie, vous m'appellerez, car je demeure en chacun de vous. Que cela ne vous surprenne pas, mes enfants. Si vous voulez Me connaître, moi 'La Lumière', il vous faudra Me rechercher, Me trouver, et, ayant trouvé, vous devrez demeurer en Moi, *toujours*.

«Ce jour-là, le 'Père-Mère-Fils' sera 'Un' dans le coeur de l'homme. Le Fils est la Porte éternelle - le Chemin qui conduit à Dieu. 'Ma Lumière' est dans votre mental et dans votre coeur, vous rappelant constamment 'Ma Présence', car, dans les temps qui viennent, je serai présent uniquement dans 'Cette Lumière'. Alors, Je serai la Sagesse dans votre mental, gouvernant l'Amour dans votre Coeur afin que vous soyez rempli de la Paix de cette Vie Une, Dieu. Votre corps n'est que l'instrument de votre Âme; et 'Ma Lumière' doit jaillir de l'intérieur de votre Âme, sinon vous mourrez.

«Ma Lumière dans votre mental est 'Le Chemin' qui conduit au Coeur de Toute Lumière. C'est seulement par Ma Lumière qui est en vous que vous pouvez rayonner la Lumière contenue dans chaque cellule de votre Être, jusqu'à devenir un Être toujours plus grand. Dans votre gorge est Ma Lumière qui est la Puissance qui prononce Mes Paroles. À travers mes Mots, toujours J'illumine, Je protège et Je perfectionne mes enfants. Les paroles qui ne remplissent pas cette triple mission ne sont pas Mes Paroles, et quand elles sont prononcées, elles n'apportent que destruction. Méditez sur Ma Lumière dans votre mental et dans votre coeur, et vous pourrez *voir* le dedans de toutes choses, *connaître* tout et *faire* tout. Alors, ce qui ne vient pas de Moi ne pourra jamais vous troubler. Je prononce aujourd'hui ces paroles pour qu'elles soient gravées sur les tablettes de la Terre et dans la mémoire de ses enfants. En ce jour lointain dont je parle, l'un des enfants de Dieu recevra Mes mots et il les publiera pour que le monde soit béni.

«En ce temps-là, lorsque vous aurez pleinement reçu 'Ma Présence' et que vous la laisserez toujours agir dans votre Vie et vos expériences, vous verrez que les cellules du corps que vous occuperez alors se rempliront de 'Ma Lumière'. Vous prendrez conscience que vous pouvez continuer votre route dans ce 'Corps de Lumière Éternel', la Robe sans couture du Christ. Alors, et alors seulement serez-vous libéré de la roue des renaissances. Ayant parcouru votre long voyage d'expériences humaines et rempli les conditions de la Loi de Cause et d'Effet, vous transcenderez toutes les conditions régies par la Loi: vous serez vous-même devenu 'La Loi' - Tout Amour, l'Un.»

Se tournant vers moi, Saint Germain me dit: «Tel est l'Éternel Corps d'Ascension du Christ dans lequel l'individu est Libre et détient son Sceptre d'Autorité. Mon fils, même maintenant vous pouvez monter dans cette 'Lumière du Suprême', parce que la Lumière est dans votre mental, la Lumière est dans votre coeur, et, si vous demeurez fermement en Elle, vous pouvez élever et vous élèverez votre corps physique limité dans votre 'Corps Éternel de Pure Lumière', éternellement jeune et libre, transcendant le temps, les conditions et l'espace. Votre Être Suprême vous attend constamment. Entrez dans Sa Lumière et recevez la Paix et le repos éternels - dans l'action. Cela ne demande pas de préparation. Il détient Toute Puissance. Laissez-vous pleinement étreindre par votre 'Être Lumineux', et alors, même aujourd'hui, votre corps peut atteindre l'Ascension.»

Quand il eut fini de parler, les images cessèrent. Avançant un peu plus loin, nous nous arrêtâmes près d'une grande pierre plate qui se trouvait par terre. Alors que Saint Germain concentrait sa Puissance sur la pierre, elle s'éleva du sol et glissa sur le côté, dévoilant une ouverture avec des escaliers. Après avoir descendu une douzaine de mètres, nous atteignîmes une porte scellée. Il passa rapidement sa main sur la porte: celle-ci s'ouvrit, laissant voir quelques hiéroglyphes. «Centrez votre attention sur ce texte», me dit-il. C'est ce que je fis. J'y lus les mots "Le Temple Vivant de Dieu pour l'Homme", clairement visibles sur la porte devant moi. Oui, devant moi se trouvait la porte physique que nous venions de voir en images vivantes.

La porte s'ouvrit. Nous pénétrâmes dans une salle située sous l'un des petits dômes construits à chaque coin. Elle contenait plusieurs boîtes métalliques d'environ soixante centimètres de longueur, trente-cinq de largeur et quinze de profondeur. Saint Germain en ouvrit une: elle renfermait des feuilles d'or sur lesquelles les archives de cette civilisation avaient été gravées au stylet. Je me rendis compte que sous chacun des quatre petits dômes devaient être préservées des salles scellées, et que le grand dôme central avait été érigé par-dessus la 'Sphère de Lumière'. Identifiant un couloir secret qui raccordait les quatre petites salles, nous entrâmes dans la seconde: il y avait là des coffrets remplis de pierres précieuses appartenant au temple. La troisième salle contenait des ornements en or, des pierres précieuses, le trône royal et d'autres chaises en or. Le siège impérial était un remarquable exemple de travail d'orfèvrerie. Le dossier était en forme de coquille et formait un dais au-dessus de la tête du monarque. De chaque côté étaient suspendues des draperies dorées faites de petites mailles d'or en forme de huit. Le tissu était replié contre le trône, donnant un effet extrêmement gracieux et délicat.

Au centre de cette salle se trouvait une table en jade véritable d'environ quatre mètres sur un mètre vingt, montée sur des pieds de bronze doré. Près de la table, il y avait quatorze chaises en jade avec des pieds garnis d'or, un fond incurvé et un dossier finement ciselé. Sur le haut de chaque dossier de chaise, un beau phénix en or, les yeux sertis de diamants jaunes, semblait monter la garde. Cet ornement symbolisait l'immortalité de l'Âme et l'Être Divin Parfait que chaque individu devient alors qu'à travers le feu de la souffrance il se dégage des cendres de ses créations humaines.

La quatrième salle contenait sept modèles différents de boîtes d'énergie, comme je les appelle, qui recevaient et transmettaient la force tirée de l'Énergie Universelle, et servaient à l'éclairage, au chauffage et au transport. Les archives indiquaient que ce peuple était en contact avec toutes les parties du monde, grâce à leurs splendides vaisseaux aériens. Après cette civilisation, apparut celle des Piruas, et ensuite celle des Incas; chacune dura quelques milliers d'années.

La cité qui vient d'être décrite atteignit l'apogée de sa splendeur juste avant d'être ensevelie. Le grand Maître Cosmique qui avait concentré la Lumière ayant servi à son développement et à son maintien se manifesta à l'empire pour la dernière fois. Il vint pour avertir les habitants d'un désastre imminent, et, s'ils l'avaient écouté, ils auraient été épargnés. Il leur annonça qu'un cataclysme anéantirait l'empire d'ici cinq ans et leur dit que c'était sa dernière visite parmi eux. Ceux qui désiraient être épargnés furent instruits de quitter la région et de se rendre à un autre endroit. Le Maître leur dit aussi que la dernière phase du cataclysme serait soudaine, et la destruction, totale.

Avec la conclusion de cette prophétie, son corps disparut rapidement, et, à la grande consternation du peuple, le piédestal et le globe de cristal contenant la Lumière d'Éternité disparurent avec lui. Pendant quelque temps les gens furent plutôt troublés par l'annonce de ces événements. Mais, après qu'une année fut écoulée et que rien n'arrivait, le souvenir de Sa Présence commença à s'estomper; quant à la réalisation de son décret, le doute s'installa de plus en plus. L'empereur et ceux qui étaient spirituellement avancés quittèrent le royaume et se rendirent dans l'Ouest de ce qui est aujourd'hui les États-unis, où ils vécurent en sécurité jusqu'à ce que le changement ait lieu.

La masse des gens qui resta sur place devint de plus en plus sceptique, et après deux années l'un d'entre eux, plus agressif que les autres, tenta de s'installer comme empereur. Lorsque le véritable empereur avait quitté le royaume, il avait scellé le palais et le temple dans lequel la 'Lumière' avait été préservée. L'usurpateur tenta de forcer l'entrée scellée du temple et tomba sans vie devant la porte.

Vers la fin de la cinquième année, à midi, le moment fatidique arriva. Le soleil s'obscurcit et une terreur affreuse remplit toute l'atmosphère. Au coucher du soleil il y eut de violents tremblements de terre qui transformèrent les édifices en un véritable chaos. Le continent aujourd'hui appelé Amérique du Sud perdit son équilibre et bascula vers l'Est, engloutissant toute la côte orientale à cinquante mètres sous l'eau. Elle resta à ce niveau pendant plusieurs années, puis remonta lentement pour demeurer à près de vingt mètres de sa position initiale. Ces mouvements provoquèrent l'élargissement de l'Amazone. Auparavant, le fleuve avait une largeur de vingt-neuf kilomètres; il était plus profond qu'aujourd'hui et navigable sur toute sa longueur. Il coulait depuis ce qui est aujourd'hui le Lac Titicaca, au Pérou, jusqu'à l'Océan Atlantique. À une époque encore plus ancienne, un canal avait été construit entre l'Océan Pacifique et le Lac Titicaca formant, avec l'Amazone, une voie navigable entre les deux océans. À cette époque le continent s'appelait Mérou, d'après le nom d'un grand Maître Cosmique dont le principal Foyer d'activité était et se trouve encore au Lac Titicaca. Le nom 'Amazone' signifie 'destructeur de bateaux'; il a été conservé au cours des siècles depuis l'époque du cataclysme mentionné plus haut.

Le basculement de l'ensemble du continent sud-américain explique bien des conditions qui existent sur sa côte occidentale et que les géologues n'ont pu clarifier à partir des données scientifiques actuellement disponibles. C'est ainsi que les grands cataclysmes de la Nature tirent le voile cosmique sur des civilisations hautement avancées. Avec le temps qui passe seuls quelques fragments viennent au jour. Le monde extérieur peut bien douter de cette Vérité, mais les archives de cette civilisation, actuellement au Teton Royal, en seront un jour la preuve formelle et révéleront l'existence et les réalisations de cet âge ancien.

Alors que m'étaient révélées ces activités extraordinaires, je me demandai pourquoi une civilisation pouvait atteindre une telle splendeur, une telle beauté et une telle perfection, puis s'effondrer sous l'effet de terribles cataclysmes. Voyant la question dans mon mental, Saint Germain avança l'explication suivante:

«Voyez-vous, lorsqu'un groupe d'êtres humains a le privilège de recevoir l'Enseignement et le Rayonnement d'un grand Maître de Lumière tel que ce grand Être Cosmique, ils ont alors l'occasion de voir quel est le Plan de Vie pour l'humanité ainsi que la Perfection qu'elle doit manifester et vivre par son effort conscient. Malheureusement, et cela est arrivé tant de fois au cours des siècles, les gens n'essaient pas de comprendre la Vie, mais se laissent aller à un état de léthargie. Ils ne fournissent pas l'effort suffisant nécessaire pour atteindre cette Perfection au moyen de la puissance de Dieu qui se trouve en chacun d'eux. Ils commencent à s'appuyer sur Celui qui Rayonne la Lumière. La puissance de soutien n'est retirée que si l'individu cesse de fournir l'effort pour comprendre la Vie et qu'il cesse de collaborer de bon coeur avec Elle.

«Les gens prennent rarement conscience du fait que la plupart des bienfaits qu'ils reçoivent résultent de cette puissance de soutien offerte par Celui qui Rayonne la Lumière. Si un certain groupe d'Âmes a reçu l'Enseignement concernant la Voie de la Maîtrise, et qu'il leur a été rappelé vie après vie quel est leur Divin Droit de naissance, le moment arrive où aucune aide additionnelle n'est permise. C'est alors qu'est retiré le Rayonnement des Maîtres d'Ascension, et que ces Âmes doivent faire face au fait que la puissance d'accomplissement et de détermination ne provenait pas de leurs efforts personnels. Les gens doivent comprendre qu'ils ne peuvent recevoir que ce pour quoi un effort est fourni. Ce faisant, les expériences qu'ils vivent les obligent à produire l'application personnelle consciente suffisante; et quand cela a lieu, l'expansion intérieure et l'Autorité Divine commencent à s'exprimer.

«Pour toute personne qui continue à fournir l'effort personnel conscient afin d'exprimer l'Autorité du Divin sur l'humain, il n'existe pas d'échec; parce que l'échec se produit uniquement si l'effort conscient est interrompu. Toutes les expériences que l'individu traverse n'ont qu'un seul but, et c'est de le rendre Conscient de sa 'Source'. Il doit apprendre qui il est, reconnaître sa nature d'Être Créateur et, ainsi, être Maître de ce qu'il crée.

«Partout à travers l'Univers, chaque fois que la puissance de création est donnée à un Être, la responsabilité de créer s'accompagne toujours de la puissance requise. Toute création est le fruit d'un effort individuel Conscient; et si l'individu, à qui a été confié ce grand Don de Vie, refuse de prendre ses responsabilités, ses expériences de Vie ne lui apporteront que tourments jusqu'à ce qu'il le fasse. Jamais l'humanité n'a été créée dans un état de limitation et jamais elle n'aura de repos tant que la Perfection qui était sienne dès le commencement ne s'exprimera pas pleinement. Perfection, Autorité de Dieu, usage Harmonieux et Maîtrise de toute Substance et de toute Force, tel est le 'Sentier de la Vie', le Plan Divin Originel pour l'humanité.

«L'Être Suprême présent à l'intérieur de l'individu *est* cette Perfection et cette Autorité. Il est cette 'Présence' située dans le coeur de tous, la Source de Vie - le Pourvoyeur de toute chose bonne et parfaite. Lorsque l'individu se tourne vers sa Source et reconnaît qu'elle est l'Abondance de tout ce qu'il y a de bon, dès cet instant il déclenche la manifestation de toutes bonnes choses, parce que son *attention* sur sa 'Source' est la Clef d'Or qui ouvre la porte à tout ce qui est bon pour lui.

«La Vie qui coule en chacun est Dieu; et c'est seulement par l'effort individuel Conscient pour comprendre la Vie, et manifester la plénitude du bien que cessent les discordes de ses activités extérieures. La Vie, l'individu et la Loi sont 'Un', et il en est ainsi pour l'Éternité.

«Venez, continua-t-il, nous allons voir une cité enfouie près du fleuve Jurua.» Avançant vers l'ouest, nous atteignîmes une zone légèrement surélevée. Saint Germain étendit la main et encore une fois réactiva les Registres éthériques de ce peuple. La seconde ville de l'empire en importance se trouvait à cet endroit. La première que nous avions visité était le foyer de l'activité et de la puissance spirituelles, alors que celle-ci était le siège des activités commerciales et gouvernementales consacrées au bien-être physique de la population. C'est ici que se trouvaient le trésor national, l'hôtel de la monnaie et tout ce qui concernait le gouvernement, la recherche et l'invention. Non loin de cette ville se dressaient les Andes majestueuses, source de la grande richesse minière de l'empire. Je remarquai chez ces gens une caractéristique plutôt extraordinaire. Ils étaient tous parfaitement calmes et pleinement contents. En se déplaçant, ils exprimaient la paix et avaient une allure délicatement rythmée. Les images cessèrent, et nous nous dirigeâmes vers le seul endroit rocheux qui était visible.

Saint Germain toucha l'un des rochers. Celui-ci glissa sur le côté, laissant voir une volée d'escaliers métalliques de vingt marches. Nous descendîmes et arrivâmes à une porte de métal. Après l'avoir franchie, nous descendîmes encore vingt marches pour nous retrouver face à une énorme porte de bronze scellée. Se dirigeant vers la droite, il ouvrit une boîte carrée contenant des tirettes semblables à des registres d'orgue. Il en enfonça deux, et la lourde masse s'ouvrit lentement: nous nous trouvions dans une salle immense où tout était encore comme dans cet ancien temps. Cette pièce servait de salle d'exposition pour des inventions que le public pouvait venir admirer. Tous les appareils étaient faits d'un métal combiné à une substance ressemblant à du verre opalescent.

«Ceci, me dit Saint Germain, est le résultat d'un procédé de fusion de plusieurs métaux avec du verre, de façon à rendre le métal aussi dur que de l'acier et impérissable. Dernièrement, un homme avait presque découvert le procédé, car il possédait tous les éléments sauf celui qui l'aurait rendu indestructible.»

Toute la pièce était revêtue de ce même métal et elle comptait trois portes de sortie. Saint Germain se dirigea vers une boîte de tirettes. Il en enfonça trois, et toutes les portes s'ouvrirent aussitôt. Franchissant la première porte, nous vîmes un long couloir étroit qui ressemblait plus à une cave qu'à autre chose. Il était rempli de coffrets contenant des disques en or gros comme une pièce d'argent et sur lesquels étaient frappés le visage de l'empereur et une inscription qui disait: "Dieu Bénit les Hommes".

Derrière la seconde porte, il y avait des coffrets identiques remplis de diverses pierres précieuses non taillées. Dans la troisième salle, les coffrets étaient plats et renfermaient de minces feuilles d'or sur lesquelles étaient inscrits les formules et les procédés en usage à l'époque. «Parmi ceux-ci, me dit Saint Germain, il existe de nombreux procédés et formules qui n'ont pas servi alors. Ils seront communiqués et utilisés durant le présent âge.»

Il retourna à la boîte de tirettes et en enfonça une autre. Une quatrième porte, que je n'avais pas remarquée, s'ouvrit. Elle conduisait à un tunnel voûté, un corridor, qui raccordait le trésor à l'hôtel de la monnaie. Il devait avoir une longueur d'environ quatre cents mètres. Nous pénétrâmes dans l'énorme salle qui se trouvait à l'autre bout. C'était le coeur de l'hôtel de la monnaie. Elle était remplie de toutes sortes de machines remarquablement bien construites. Entre autres, il y avait des machines pour frapper l'or, et pour couper et polir les pierres précieuses. Leur perfection était tout simplement remarquable. Saint Germain me fit voir un échantillon de verre malléable transparent comme du cristal. Cette salle contenait une importante quantité de pépites d'or natif, de poudre d'or et de lingots d'or pesant trois et cinq kilos chacun. Je restai bouche bée devant tant de richesses accumulées au même endroit. Percevant mon sentiment, Saint Germain me dit:

«Il est totalement impossible de remettre une telle masse de richesses à l'humanité, car lui laisser gaspiller plus que ce que lui offre la Nature serait de la pure folie, étant donné l'égoïsme qui prévaut actuellement dans le monde des affaires. Dieu et la Nature répandent abondamment leurs richesses sur Terre pour le bien des Âmes qui s'incarnent ici. Mais l'égoïsme et la convoitise du pouvoir qui habitent les sentiments des humains leur font oublier le 'Suprême Sentier de la Vie', ce qui entraîne 'l'inhumanité de l'homme envers l'homme'.

«Les quelques individus qui gouvernent les populations devraient avoir l'Intelligence de savoir que ce qui aide l'ensemble aide vraiment l'individu. Mais s'ils refusent de reconnaître cette 'Loi', leur propre destruction s'ensuit, conséquence de leur égoïsme personnel. L'égoïsme ainsi que le *sentiment de pouvoir* contrôler les autres aveuglent la raison et affaiblissent la perception du mental extérieur des dangers qui en résultent. Ces individus, sans exception, courent droit à leur perte, spirituellement, mentalement, moralement et physiquement, et, souvent, pour une durée de trois ou quatre existences futures. Seule la Lumière peut libérer l'individu de l'égoïsme.

«C'est uniquement quand les humains se dégagent du bourbier de leur égoïsme et de leurs multiples convoitises que l'individu peut se voir confier tout ce que Dieu et la Nature ont en réserve pour son Usage Juste. Toute personne qui se lave de son égoïsme et de ses convoitises peut recevoir toutes ces richesses, à condition qu'elle les utilise harmonieusement et pour le bien des autres. Toute personne *est capable* de se préparer à devenir le gardien de ces dons parce que, dans l'âge où nous entrons, seuls ceux qui se seront montrés dignes d'être les Gardiens fiables et les Distributeurs de tels trésors, pourront disposer de telles richesses. Dieu et la Nature procurent ces Dons à l'être humain pour qu'il s'en serve avec Justesse, et seul le Juste usage est la condition nécessaire pour les recevoir.» Saint Germain se croisa les mains sur la poitrine et dit: «Dieu Tout-Puissant! Pénètre tellement dans les coeurs de Tes Enfants, qu'ils ne désirent plus que Toi. Alors, personne ne manquera d'aucun de Tes Dons Merveilleux.»

Il scella tout comme nous l'avions trouvé, et nous retournâmes vers mon corps que je réintégrai rapidement. Encore une fois, il me tendit la coupe de cristal remplie de cette Substance de Vie et me dit:

«Mon fils, vous allez devenir un aide précieux. Que Dieu vous bénisse toujours.» Avec ces paroles de bénédiction, il s'inclina, puis disparut.

CHAPITRE 7

La Vallée secrète

Quelques jours plus tard, un matin, je reçus par le courrier une lettre étrange me demandant de me rendre à une certaine adresse à Tucson dans l'Arizona. Selon la lettre, la nature du message était telle qu'il n'était possible d'en parler qu'en personne seulement. Je me mis à réfléchir sur la manière surprenante dont ce message m'était parvenu, et pourtant je ressentais un Désir Intérieur de répondre à l'invitation. Après quelques jours, j'arrivai à l'adresse indiquée et je sonnai. Un homme mince dans la quarantaine ouvrit la porte. Il avait les cheveux et les yeux gris, et mesurait peut-être un mètre quatre-vingt-cinq.

Je me présentai, et il m'accueillit d'une poignée de main cordiale et franche qui révélait infailliblement une nature fiable et sincère. Ses yeux étaient calmes et sereins, et il donnait l'impression de posséder une grande réserve d'énergie. Je percevais une harmonie intérieure peu commune qui se dégageait de sa personne, et je savais que cela ne pouvait qu'indiquer le début d'une profonde et splendide amitié. Lui aussi paraissait ressentir quelque chose d'Intérieur qui nous attirait mutuellement. Il m'offrit d'entrer et de m'asseoir.

«Vous êtes ici à ma demande, commença-t-il, et bien

que cela puisse vous sembler étrange, je vous en suis très reconnaissant. Quelqu'un, dont je vous parlerai plus tard, m'a donné votre adresse. Pour m'expliquer, je dois vous dire que j'ai fait certaines découvertes remarquables que je vous demande d'accepter de bonne foi jusqu'à ce que je vous emmène avec moi pour vous prouver leur véracité et leur réalité. On m'a conseillé de m'adresser directement à vous, la seule personne à qui je devais faire ces révélations me concernant. Pour commencer, je dois revenir à des événements qui se sont produits il y a vingt ans.

«À cette époque, j'avais une très belle femme. Je sais maintenant qu'elle était très avancée intérieurement, ce que j'ignorais alors. Nous eûmes un fils que nous aimions intensément. Pendant cinq années, notre bonheur fut complet. Puis, soudainement, sans aucun préavis et sans aucune raison apparente, l'enfant disparut. Pendant plusieurs semaines, nous l'avons cherché et cherché, faisant tout ce qui est humainement possible pour le retrouver. Mais cela ne donna rien. Finalement, nous avons perdu tout espoir. Sa mère ne s'est jamais remise du choc et elle décéda cinq mois plus tard.

«Durant ses derniers jours, elle avait fait une curieuse demande concernant son corps: il fallait le laisser dans la tombe pendant les sept jours suivant son décès, et ensuite l'incinérer. Cela me sembla plutôt étrange, car nous n'avions jamais abordé ce sujet auparavant. Cependant, je respectai ses dernières volontés. Vous pouvez imaginer ma surprise lorsque, cinq jours après les funérailles, je reçus un appel du responsable du cimetière me disant qu'il avait, ce matin-là, trouvé le tombeau ouvert et que le corps avait disparu. Aucun indice pour tirer au clair cette étrange affaire ne fut jamais découvert.

«Un matin, seize années plus tard, à mon réveil, je trouvai sur le plancher de ma chambre une lettre sans timbre qui m'était adressée. Je la ramassai, je l'ouvris et je la lus. Elle me consterna et me laissa sceptique. La lettre disait ceci:

"Votre femme et votre fils sont vivants, ils vont bien et sont en bonne santé. Vous les verrez bientôt. Jusque-là, soyez patient. Réjouissez-vous de savoir que la mort n'existe pas. Au moment opportun vous recevrez des instructions qui vous parviendront de la même manière, et vous devrez les suivre à la lettre. Tout dépend de votre silence absolu. Vous verrez et vous recevrez toutes les explications de ce qui vous a semblé si mystérieux. Alors vous comprendrez pourquoi la Vérité est plus étrange que la fiction, car même la plus extraordinaire fiction n'est que l'empreinte d'une Vérité qui existe quelque part dans l'Univers.

Signé,

Un Ami "

«Mon Ami, vous pouvez imaginer ma stupéfaction. Pour commencer, je n'en crus pas un mot. Trois jours plus tard, en soirée, j'étais assis devant le foyer lorsque j'entendis la voix de ma femme aussi clairement et distinctement que si elle avait été dans la pièce près de moi, et qui disait:

« "Robert, mon bien-aimé! Je suis en vie et je vais bien, et notre fils se trouve avec moi. Nous serons tellement heureux lorsque nous serons à nouveau réunis. Fais confiance au message. Tout est vrai. Ne laisse pas le doute te fermer la porte et tu seras conduit jusqu'à nous. Je te parle sur le Rayon du Son que tu apprendras bientôt à utiliser." Je ne pouvais plus supporter la tension, et je dis:

« "Montre-toi, et je croirai." Aussitôt la voix répondit: "Attends un instant." Au bout d'environ trois minutes, un brillant Rayon de Lumière dorée pénétra dans la pièce en formant un tunnel au bout duquel se tenait ma femme. C'était elle, sans l'ombre d'un doute.

« "Mon bien-aimé, dit-elle, ce qu'on appelle des miracles se sont produits dans ta Vie pendant des années. Mais puisque ton attention n'était pas dirigée dans la bonne direction, nous avons dû attendre jusqu'à ce jour. Fais confiance au message qui te parviendra. Alors, tu nous rejoindras, et je t'assure qu'un monde nouveau va s'ouvrir devant toi. Il n'existe aucune barrière à notre grand amour."

«Instantanément, le Rayon de Lumière disparut, et la voix cessa. Ma joie était complète. Je ne pouvais plus douter. Je ressentis un soulagement, une paix et un repos que je n'avais pas connus depuis des années. Ceci fut suivi de plusieurs semaines d'attente qui, je le sais maintenant, furent pour moi une période de préparation intérieure. Enfin, le message que j'attendais tant arriva, ainsi qu'un plan et des instructions de route. Je réalisai que cela me conduirait jusqu'aux montagnes situées au sud-est de Tucson, Arizona. Je fis mes préparatifs pour partir aussitôt, et je dis à mes amis que j'allais faire un peu de prospection. Je pris un cheval et une bête de charge. Le voyage était agréable, et je n'avais pas de difficulté à suivre les directives. Si j'avais pu voler, j'aurais facilement parcouru la distance en deux jours.

«Le troisième jour, juste avant le coucher du soleil, j'atteignis un canyon caché, et sans le plan je ne l'aurais pas vu. Dès que j'eus établi mon campement, la nuit tomba. Je me roulai dans mes couvertures et m'endormis rapidement. En rêve je vis clairement que je me réveillais et qu'un jeune homme était près de moi et me regardait. Quelle ne fut pas ma surprise quand, en me réveillant, ce jeune homme était vraiment là, qui me regardait fixement. Il me fit un grand sourire et dit:

« "Mon ami, je vous invite à me suivre." Je remarquais qu'il avait ramassé mes affaires, puis, se retournant sans rien ajouter, il ouvrit la marche vers le coeur du canyon. Après environ une heure, nous nous arrêtâmes: une falaise semblait nous barrer la route. Il posa ses mains sur le rocher et appuya dessus. Une section de la falaise de trois mètres sur quatre s'enfonça de quelque trente centimètres, puis glissa sur le côté. Nous pénétrâmes dans un tunnel qui, il y a des siècles, avait dû être le lit d'une rivière souterraine. Mon compagnon referma l'entrée derrière nous, et, alors que nous repartions, une douce Lumière se répandit partout, de sorte qu'il faisait très clair. Tout ce que je voyais m'étonnait, mais je me rappelais l'instruction que j'avais reçue et qui demandait de "garder le silence".

«Nous avons marché dans cette galerie pendant plus d'une heure et, finalement, nous arrivâmes devant une énorme porte en métal. Dès que mon compagnon la toucha, elle s'ouvrit doucement. Se plaçant de côté, il me laissa passer le premier: je me retrouvai alors en plein soleil, littéralement bouche bée face à la splendeur du paysage qui s'offrait à mes yeux. Devant nous s'étendait une vallée d'une extraordinaire beauté qui couvrait une superficie d'environ quarante hectares.

« "Mon Ami, me dit le jeune homme, vous voici de retour chez vous après une longue absence. Bientôt vous allez tout comprendre." Il me conduisit alors vers un très bel édifice construit au pied d'une falaise à pic située sur le flanc supérieur de la vallée. En nous approchant, je vis qu'il y avait une grande variété de fruits et de légumes qui poussaient en abondance, entre autres, des oranges, des dattes, des noix et des pacanes. Une magnifique chute d'eau descendait du haut de la falaise et formait à sa base un bassin d'eau transparente. L'édifice était imposant et paraissait se trouver là depuis des siècles.

«Nous y arrivions presque, lorsqu'une belle dame vêtue de blanc apparut à l'entrée. Nous nous approchâmes: ma femme bien-aimée se tenait devant nous, plus belle que jamais. Alors, je la pris dans mes bras, et, après les souffrances de ces dernières années, c'était presque trop pour moi. Se tournant de côté, elle plaça son bras sur l'épaule du jeune homme qui m'avait accompagné et elle dit: "Robert, c'est notre fils."

« "Mon fils!" fut tout ce que je pus dire tant l'émotion était forte. Il s'avança et plaça ses bras autour de nous deux, et nous demeurâmes ainsi quelques instants, remplis d'amour et de reconnaissance, de nouveau heureux. Je pris soudainement conscience qu'il avait disparu seize années plus tôt et qu'il devait donc avoir vingt et un ans. Répondant à ma pensée, il me dit: "Oui, père, j'ai vingt et un ans. Demain c'est mon anniversaire."

« "Comment peux-tu lire mes pensées si facilement?", lui demandai-je.

« "C'est quelque chose de facile et de bien ordinaire pour nous. Quand on sait comment faire, c'est tout à fait naturel et très simple", répondit-il.

« "Viens, continua-t-il, tu dois avoir faim. Mangeons quelque chose." Leurs bras placés autour de moi, nous entrâmes dans cet ancien édifice. La finition intérieure était en marbre rose et en onyx blanc. On me conduisit à une belle chambre que le soleil du matin inondait de toute sa Lumière. Je pris un bain, puis j'enfilai le complet de flanelle blanche qu'on m'avait fourni. Il me faisait parfaitement. Cela me surprit, mais encore une fois je me rappelai l'instruction sur la nécessité de "se taire". Je descendis, et on me présenta à un homme de très belle apparence d'à peu près ma taille, et qui avait de grands yeux foncés et pénétrants.

« "Père, dit mon fils, voici notre Maître bien-aimé, Eriel. C'est lui qui nous a sauvé la vie, à Mère et à moi, et qui nous a formés durant toutes ces années, jusqu'à ce que tu puisses nous rejoindre ici. C'est lui qui t'a fait parvenir le message et les instructions pour nous rejoindre, car le temps était venu pour que ta formation commence."

«Nous entrâmes dans la salle à manger qui était splendide. Je ne pus m'empêcher d'exprimer mon admiration. Elle se trouvait à l'angle sud-est de la maison, au premier étage. Le soleil l'inondait le matin et l'après-midi. Les murs étaient en bois de noyer richement sculpté. Les poutres du plafond formaient des motifs hexagonaux. Un panneau de noyer massif d'au moins cinq centimètres d'épaisseur était posé sur un pied richement sculpté: cette table paraissait avoir plusieurs milliers d'années. Nous prîmes place autour de la table, et, aussitôt, un grand jeune homme entra. Mon fils le présenta en disant:

« "Voici notre Frère, Fun Wey, que notre Maître a ramené de Chine alors qu'il n'était qu'un enfant sur le point de perdre la Vie. Il appartient à une très ancienne famille chinoise et il sait faire bien des merveilles. Il a toujours voulu nous servir, et c'est un privilège et une joie de l'appeler Frère. C'est l'une des personnes les plus joyeuses que je connaisse."

«Au petit déjeuner, on nous servit de superbes fraises avec des dattes délicieuses et des biscuits aux noix. Ensuite nous passâmes à la salle de séjour, et le Maître Eriel me dit: "Au moment où votre femme, qui est votre Flamme Jumelle, allait décéder, je vis l'occasion de lui apporter une aide qui lui permettrait d'atteindre son Ascension dans la Lumière et, ainsi, de servir avec plus de liberté et d'efficacité. Ce fut un privilège et une joie de l'aider ainsi.

« "J'ouvris le cercueil, je lui redonnai conscience et je l'aidai à relever son corps. Celui-ci avait déjà atteint un haut degré de sublimation parce que son désir pour la 'Lumière' était très intense. Sa profonde Adoration et sa soif de 'Lumière' rendirent son Ascension possible. Je lui ai expliqué cela le jour où vous la pensiez décédée.

« "Durant une existence très ancienne, vous avez tous les trois été mes enfants. Notre Amour était intense et il a duré tout au long des siècles. Grâce à son grand amour, elle a pu recevoir cette aide et atteindre son Ascension dans cette vie.

« "Quant à votre fils, il avait été enlevé dans le but de vous soutirer une rançon, et emmené vers ce canyon. Les deux ravisseurs commencèrent à se quereller, et l'un d'eux voulait tuer l'enfant.

« "J'apparus devant eux et je l'emmenai. Leur propre peur les paralysa, et ils ne s'en remirent jamais. Quelques semaines plus tard, ils décédèrent tous les deux. Si quelqu'un ôte intentionnellement la vie à un autre être humain ou projette mentalement de le faire, alors il génère une cause qui lui enlèvera certainement la sienne.

« "Avoir le sentiment ou le désir qu'une autre personne meure fera de même, car cette énergie se dirige vers la personne visée puis revient à celui qui l'a envoyée. Souvent les gens laissent jaillir leur ressentiment contre une injustice, produisant même un sentiment intense de voir le monde débarrassé de telle ou telle personne. Il s'agit là d'une subtile forme de pensée de mort qui, infailliblement, reviendra à celui qui la génère.

« "À cause de cette activité très subtile du moi humain, beaucoup de personnes provoquent leur propre destruction, car aucun individu ne peut échapper à cette 'Loi Immuable'. Il y a différents degrés dans sa réaction. Et c'est parce que les humains génèrent ce genre de pensées et de sentiments, qu'ils connaissent, globalement, la dissolution de leur corps, vie après vie.

« "Le nombre de personnes qui meurent par violence physique est infime comparé aux morts provoquées par ces activités subtiles des pensées, des sentiments et des mots. Par ce moyen subtil, la race humaine pratique une activité suicidaire, parce qu'elle ne veut pas apprendre 'La Loi de Vie', et lui obéir. Il n'existe qu'Une Loi de Vie, et c'est 'l'Amour'. L'individu Conscient et pensant qui refuse d'obéir ou qui n'obéit pas à ce Décret Éternel et Bienfaisant, ne peut pas garder et ne gardera pas son corps physique, parce que tout ce qui n'est pas Amour dissout la forme, peu importe que ce soient des pensées, des mots, des sentiments ou des actes, intentionnellement générés ou non: la 'Loi' agit *indépendamment* des personnalités. Les pensées, les sentiments, les mots et les actes sont autant de forces qui agissent et se déplacent continuellement sur une orbite qui leur est propre.

« "Si l'être humain savait qu'il ne cesse jamais de créer - pas même une fraction de seconde - il prendrait conscience, grâce à la 'Présence' de l'Être Suprême qui est en lui, qu'il a la possibilité de purifier ses créations négatives, et ainsi de se libérer de ses propres limites.

« "Il tisse autour de lui un cocon de discordes humaines et s'endort avec, oubliant temporairement que, s'il peut créer un tel cocon, il peut aussi l'éliminer. En se servant des Ailes de son Âme - l'Adoration et la Détermination - il peut se dégager des ténèbres qu'il a lui-même créées. Alors, il vit de nouveau au Centre de son Être, dans la 'Lumière' et la Liberté de son «Soi-Divin».

« "Cependant, en ce qui vous concerne, vous et votre famille bien-aimée, ou plutôt ma famille bien-aimée, le sombre et tenace nuage de la tristesse est maintenant dissipé, révélant sa superbe doublure dorée. Vous êtes maintenant entré dans la Splendeur Rayonnante de la «Lumière» que vous ne quitterez jamais plus.

« "Dans la plupart des cas, si les êtres humains connaissaient d'avance les merveilles qui leur sont parfois préparées, ils en empêcheraient la manifestation sans même le savoir. Vous avez été invité ici non seulement pour retrouver vos bien-aimés, mais aussi pour recevoir des enseignements précis sur l'existence, l'utilisation et l'orientation de la Toute-Puissance de Dieu qui sommeille à l'intérieur de vous. Lorsque vous comprendrez comment la libérer et la contrôler, tout vous deviendra possible.

« "Vos bien-aimés se sont servis du Rayon Lumineux et du Rayon Sonore pour communiquer avec vous. Cette connaissance et cette puissance vous seront expliquées, et vous pourrez alors vous en servir consciemment et à volonté. Vous ressentez intensément; quand vous dirigerez consciemment cette faculté, vous développerez la conscience de ce qu'est cette Puissance illimitée de Dieu toujours prête à se manifester en tout temps.

« "Vous resterez ici six semaines pour votre formation. Ensuite vous retournerez au monde extérieur pour appliquer les instructions que vous aurez reçues. Revenez n'importe quand: vous êtes désormais l'un des nôtres."

«Jamais je ne pourrai exprimer en mots ce que furent pour moi ces six semaines. Le simple fait de prendre conscience de ma capacité de mettre en pratique ces instructions remplies de sagesse, m'étonnait. Rapidement, ma confiance en moi augmentait, et cela rendait les choses plus faciles. Ce qui semblait mystérieux ou inhabituel au moi humain, je le trouvai naturel et normal venant de cette extraordinaire 'Présence Intérieure'.

«Il me fallait prendre conscience que je suis *véritablement* un Fils de Dieu. En qualité de Fils de la Source de tout Bien, l'Énergie de Sagesse illimitée se conformait à ma volonté consciente; et quand je la dirigeais comme le fait un Maître, les résultats se manifestaient instantanément. Plus j'avais confiance dans mes possibilités de mettre la 'Grande Loi' en pratique, plus les manifestations étaient rapides. Je ne cesse encore de m'émerveiller en pensant à cette inépuisable Fontaine d'Amour et de Sagesse qu'est ce grand Maître. Nous l'aimons avec une intense dévotion qui dépasse n'importe quel amour entre parent et enfant, parce que le lien d'Amour qui résulte d'un don de la Compréhension Spirituelle, est éternel et bien plus profond que n'importe quel amour de l'expérience humaine, peu importe sa beauté et son intensité. Il nous disait souvent:

« "Si vous vous efforcez de devenir une éternelle Fontaine d'Amour Divin, le laissant jaillir partout où va votre pensée, vous deviendrez un tel Aimant attirant à lui une multitude de bonnes choses, que vous devrez appeler à l'aide pour les partager avec d'autres. La Paix et le Calme de l'Âme libèrent une puissance qui oblige le mental extérieur à obéir. Ceci doit être *réclamé* avec autorité. Notre résidence, ici dans cette Vallée Secrète, existe depuis plus de quatre mille ans."

«Un jour, après avoir donné une instruction remarquable sur 'Dieu, Celui à qui Tout appartient', il me regarda avec intensité et m'invita à une promenade. Il se dirigea dans la direction opposée à l'entrée de la vallée. Parallèlement à la face sud, et orientée dans l'axe est-ouest, il y avait une crête rocheuse qui partait du sol et atteignait une hauteur d'environ deux mètres. Elle s'étendait sur quelque six cents mètres, puis disparaissait à nouveau dans le sol. En nous approchant, je vis qu'il s'agissait d'une veine de quartz blanc. Le Maître Eriel s'avança jusqu'à l'endroit où la veine rentrait dans le sol et il en dégagea un morceau avec son pied. Je vis qu'elle contenait une énorme quantité d'or. Mon sentiment d'amour humain pour l'or chercha à s'exprimer, mais la 'Présence intérieure' le contrôla aussitôt. En me souriant, le Maître Eriel me dit:

« "Très bien. Maintenant j'ai à faire en Europe et je dois vous quitter." Il me sourit et disparut aussitôt. C'était la première fois qu'il m'avait montré la Plénitude de son Autorité et de sa Maîtrise. Au même instant, mon fils apparut exactement à l'endroit où Eriel se tenait juste auparavant. Mon expression de surprise le fit rire aux éclats.

« "Mère et moi-même pouvons emmener nos corps partout où nous voulons. Ne sois pas surpris. C'est une Loi Naturelle qui semble étrange et curieuse uniquement parce que tu n'y es pas encore habitué. Cela n'est pas plus extraordinaire que le téléphone l'aurait été pour les gens du Moyen-Âge. S'ils avaient connu les «Règles» pour le construire, ils auraient pu s'en servir comme on le fait dans le siècle présent."

«Depuis ma première visite à ma famille dans la Vallée Secrète, j'y suis allé sept fois. La dernière fois que je retournai au monde extérieur, le Maître me donna votre adresse, ce qui explique ma lettre vous demandant de venir ici. Le Maître vous invite à venir avec moi à la Vallée.»

Tout à coup, mon hôte se rendit compte qu'il avait parlé plusieurs heures, et il me demanda de lui pardonner d'avoir abusé de ma patience. Je lui répondis que ces événements étaient tellement extraordinaires, et que mon intérêt avait été tellement soutenu, que pour moi le temps n'existait plus. J'acceptai l'invitation et je lui dis franchement que j'étais profondément reconnaissant envers le Maître Eriel pour son invitation. Un instant après, un grand jeune homme entra dans la pièce.

«Permettez-moi de vous présenter notre Frère Fun Wey», me dit mon hôte. Sans aucun accent il me répondit:

«Mon Frère au Coeur Lumineux a fait un long voyage. Mon coeur tressaille d'extase et de joie. Mon âme ressent votre sérénité et votre Lumière.» S'adressant directement à mon hôte, il continua: «Sachant que vous étiez occupé, je suis ici pour vous servir.»

«Il nous fera grand plaisir que vous partagiez ce repas avec nous», me dit mon ami en se tournant vers moi. Nous nous rendîmes ensemble à la salle à manger. Notre repas fut délicieux. Ensuite mon hôte reprit sa conversation, contant ses nombreuses expériences personnelles avec Eriel. Si on se réfère à la conscience humaine, elles étaient vraiment remarquables, mais si on considère notre Nature Divine, elles étaient parfaitement naturelles.

Tout à coup, un Rayon de Lumière ou plutôt un Tube de Lumière pénétra dans la pièce. D'après la conversation, je compris que c'était la Flamme Jumelle de mon hôte qui parlait. Ensuite, le Rayon se dirigea vers moi, et mon ami dit: «Ma bien-aimée, je désire te présenter le Frère que notre Maître Eriel m'a demandé de rencontrer.»

Je pouvais voir sa Flamme Jumelle, et je l'entendais aussi clairement que si elle se trouvait dans la pièce avec nous. Ce moyen de communication est vraiment une activité merveilleuse; il est possible de tellement concentrer la 'Lumière' qu'elle forme un *tube* à l'intérieur duquel le *son* et la *vision* peuvent être transmis. Il était aussi *réel* que le faisceau d'un projecteur.

Mon hôte insista pour que je demeure chez lui jusqu'au moment de notre départ vers les montagnes. Le septième jour suivant notre rencontre, nous nous mîmes en route; ce fut, jusqu'à ce jour, l'une des plus inoubliables expériences de ma Vie. Tout ce qu'il m'avait dit s'avéra être vrai jusque dans les moindres détails.

Il y eut beaucoup de joie lors de notre arrivée à la Vallée Secrète, et nous étions très heureux. Je rencontrai la Flamme Jumelle de mon hôte ainsi que leur fils. On me fit ensuite visiter l'ancien édifice où tant d'étudiants ont reçu la connaissance de la *véritable compréhension* des Lois de l'Être, et ont atteint leur Éternelle Liberté. J'éprouvais une merveilleuse sensation de me trouver là où la grande Puissance de Dieu était focalisée depuis tant de siècles, et où les Maîtres d'Ascension avaient établi une Retraite pour certaines de leurs activités. J'étais assis, en train de contempler les bénédictions que ces étudiants avaient reçues, lorsque le Maître Eriel s'adressa à moi:

«Mon Fils, commença-t-il, vous êtes au seuil d'une merveilleuse libération. Acceptez continuellement et sans relâche la 'Présence du Maître Suprême' qui demeure en vous, et vous n'aurez que des raisons de vous en réjouir grandement». Il étendit la main droite, et le voile entre le visible et l'invisible disparut. «Je veux que vous voyiez, comme nous qui avons atteint notre Ascension, l'activité sublime et majestueuse de Notre

Monde. Ici, en tant que fils de Dieu, nous sommes d'éternels témoins, parce qu'il ne se trouve plus en nous la moindre trace de doute, de peur ou d'imperfection.»

Je n'oublierai jamais la joie et le privilège d'avoir passé ces quelques jours en compagnie de ces personnes extraordinaires. Eriel me dit: «Chaque jour vous serez témoin de ce qu'est l'utilisation du Rayon Lumineux et du Rayon Sonore qui éliminent l'espace et le temps. Et l'humanité est destinée à s'en servir bientôt, aussi naturellement qu'elle utilise aujourd'hui le téléphone. Il s'agit de l'une des activités les plus remarquables qu'un individu puisse apprendre à diriger. Il est possible de concentrer et de contrôler un Rayon de Lumière de façon à s'en servir comme d'un crayon pour écrire sur le métal ou dans le ciel; et celui qui le fait laissera l'écriture visible aussi longtemps qu'il le désire.

«Lorsque l'étudiant est suffisamment fort pour rejeter les opinions d'un monde d'ignorance, alors il ou elle est prêt à témoigner de la merveille des activités individualisées de Dieu telles que les expriment les Maîtres d'Ascension.

«Jusqu'à ce qu'il atteigne ce point, le pouvoir de suggestion et les doutes qui émanent des autres le perturberont occasionnellement, si bien que très souvent il abandonne sa quête de la Vérité. L'interruption du flot constant de l'Enseignement est discorde. Et la discorde est comme une lame, la manière subtile par laquelle les forces obscures s'introduisent dans l'activité extérieure de l'étudiant qui s'est promis de regarder la 'Lumière' en face.

«C'est une activité très subtile, parce qu'il s'agit d'un sentiment qui s'insinue à l'improviste avant même que la personne en soit vraiment consciente. Il est incroyablement tenace et s'intensifie d'une manière si insidieuse, qu'elle ne se rend pas compte de ce qui s'est produit, jusqu'au moment où son action est déjà déclenchée. Ce sentiment commence par un léger doute. Il suffit qu'un doute soit *ressenti* deux ou trois fois pour qu'il se transforme en méfiance. Cette méfiance *tourbillonne* une ou deux fois dans le corps émotionnel, puis devient soupçon; et *le soupçon est auto-destruction*.

«Rappelez-vous cela mon fils, alors que vous retournerez au monde extérieur, car ce sera pour vous une protection qui vous accompagnera à chaque instant de votre Vie, et qui éloignera de vous toute discorde. Si un individu génère des sentiments de soupçon, il sera lui-même l'objet de soupçons; parce que tout le monde reçoit dans son univers personnel exactement ce qu'il y met. Ce 'Décret Éternel et Irrévocable' existe partout à travers l'Univers. Toute vibration de conscience revient à son point d'origine, à celui qui l'a générée. Et *pas un atome n'y échappe*.

«Le *véritable* étudiant de la 'Lumière' regarde la 'Lumière' en face; il la rayonne devant lui; il voit son Rayonnement englober tout, où qu'il aille; et *il l'adore constamment*. Il se détourne du doute, de la peur, des soupçons et de l'ignorance du mental humain. Il ne connaît que la 'Lumière'. C'est là sa Source, son Être Réel.»

Avec ces derniers mots, Eriel me dit au revoir, et je retournai au rythme quotidien de ma vie extérieure.

Chapitre 8

La Puissance omniprésente de Dieu

e jour suivant, je reçus un communiqué m'informant que j'étais engagé pour une affaire qui demanderait tout mon temps et toute mon attention. Le fait d'y penser me remplissait de joie, et je commençai avec beaucoup d'enthousiasme. J'éprouvai une sensation vivifiante et stimulante que jamais je n'avais connue dans mon travail.

L'affaire me fit entrer en contact étroit avec un homme au caractère très dominateur. Son attitude en affaires était uniquement de réaliser ses désirs par la force, si ses intrigues échouaient et qu'il rencontrait une quelconque opposition. Il croyait seulement au pouvoir de son intellect personnel et de sa volonté humaine. Il ne connaissait rien d'autre et ne croyait à rien d'autre. Il n'hésitait jamais à écraser ou à démolir les personnes ou les choses qui entravaient sa réussite, et il prenait tous les moyens pour atteindre ses buts égoïstes.

Je l'avais déjà rencontré trois années auparavant, et à cette époque je m'étais senti pratiquement sans ressource en sa présence, tant le sentiment de domination qu'il dégageait continuellement était fort. En dépit de ma réaction envers lui, je savais pourtant que le contrôle qu'il exerçait sur les autres n'était que de la force dirigée vers l'extérieur. Néanmoins, l'idée d'entrer encore en relation avec lui me perturbait passablement. Aussitôt, je cherchai un moyen d'engager cette association en appliquant la Loi de Dieu, lorsque la 'Voix Intérieure' me dit clairement:

«Pourquoi ne pas laisser 'L'Être Suprême Intérieur' prendre totalement la situation en main et tout régler? Cette 'Puissance Intérieure' ne peut être dominée par personne, et Elle est *toujours invincible.*»

J'étais profondément reconnaissant, et je mis toute l'affaire entre Ses mains. Je rencontrai l'homme en question avec deux autres personnes, et nous nous mîmes d'accord pour aller ensemble évaluer une mine qui se trouvait dans un État assez éloigné. Mon sentiment était qu'elle avait une grande valeur. La propriétaire était une femme âgée dont le mari était décédé quelques mois plus tôt, à la suite d'un accident à la mine.

Il avait laissé les choses dans une situation plutôt précaire, et notre autoritaire ami s'était mis en tête d'acheter cette mine à son prix, un prix plutôt malhonnête. Après un long voyage en auto, nous arrivâmes à destination le deuxième jour vers deux heures. Nous rencontrâmes la propriétaire qui, je m'en rendis compte, était une âme bénie, vraie et honorable. C'est alors que je pris la ferme résolution qu'il y aurait une transaction honnête et qu'elle recevrait le montant correspondant à la pleine valeur de sa propriété. Elle nous offrit un charmant repas, puis nous allâmes voir la mine. Nous visitâmes l'exploitation, les galeries, les équipements, les puits et les fronts de taille. Plus je regardai, plus j'étais certain que quelque chose n'allait pas. L'atmosphère que je respirais semblait me le dire. J'avais la certitude qu'un très riche filon avait été découvert sans que la propriétaire en eût été informée. Intérieurement, je savais que l'acheteur avait choisi l'un des hommes de quart pour être à l'affût d'une telle découverte et que, durant ses semaines de surveillance, celui-ci avait gagné la confiance du chef de travaux. Je compris que ce dernier avait bon coeur, mais qu'il n'était pas éveillé spirituellement.

Alors que nous étions en train de lui parler, 'Dieu en moi' me révéla tout ce qui s'était passé. Quelques jours plus tôt au cours d'une ronde, ces deux hommes arrivèrent à un endroit où les explosifs avaient ouvert l'extrémité d'une galerie qui était orientée vers le coeur de la montagne. L'explosion avait révélé une veine de quartz très riche en or. Le chef de chantier s'apprêtait à courir pour annoncer la nouvelle à la propriétaire, lorsque l'espion lui dit:

«Attends! Je connais l'homme qui va acheter cette mine. Si tu veux conserver ton poste, ne parle pas de cette découverte. Je verrai à ce que tu restes ici comme chef de chantier, et, de plus, il y aura cinq mille dollars pour toi. Quoi qu'il en soit, la vieille dame en aura bien assez pour elle.» Craignant de perdre sa place, le chef dit oui.

En inspectant la mine, nous nous rendîmes au bout de la galerie principale, et je ressentais fortement que c'était là qu'avait été faite la riche découverte. Elle avait été habilement dissimulée et déguisée en zone d'éboulement où il était dangereux de travailler. C'est le rapport qu'ils avaient fait à la propriétaire. Alors que je me trouvais à cet endroit en train de parler avec les autres, ma Vue Intérieure s'ouvrit, et je vis tout ce qui s'était passé: le riche filon, le camouflage, la proposition faite au chef de chantier, et son accord. J'étais reconnaissant de voir la confirmation de mes sentiments, mais je savais qu'il me fallait attendre. Nous retournâmes chez la propriétaire, et les pourparlers commencèrent. L'acheteur aborda le sujet en disant: «Madame Atherton, combien pensez-vous recevoir pour cette mine?»

Avec douceur et courtoisie elle répondit: «J'en demande deux cent cinquante mille dollars.»

«Absurde, cria-t-il, irréaliste, ridicule. Elle n'en vaut pas la moitié.» Il continua sur cette lancée pendant quelques minutes en vociférant, selon son habitude. Sa technique avait fonctionné bien des fois par le passé, et il reprenait le même vieux scénario. Il ne cessait d'argumenter et de pester. Puis il conclut en disant: «Madame Atherton, votre situation vous oblige à vendre. Je me montrerai généreux. Je vous en donne cent cinquante mille.»

«Je vais y penser», dit-elle, tellement intimidée par son attitude dominatrice et ses vociférations, qu'elle commençait à accepter l'idée, et à succomber à son affreuse impudence. Il vit qu'elle hésitait et aussitôt il commença à faire monter la tension. «Je ne peux pas attendre, dit-il, mon temps est précieux. Vous devez décider maintenant, ou l'affaire est à l'eau.»

Il sortit les papiers de sa poche et les mit sur la table. Désespérée, madame Atherton regarda autour d'elle. Je secouai la tête pour lui dire non, mais elle ne me vit pas. Le contrat était prêt. Elle alla prendre une chaise pour s'asseoir et elle allait signer. Je savais que, pour la protéger, il me fallait intervenir sur-le-champ. M'avançant là où elle était assise, je dis à notre autoritaire ami:

«Un instant. Vous allez verser à cette dame la vraie valeur de sa mine, ou vous ne l'aurez pas.» Il dirigea sa colère sur moi en m'invectivant violemment et en essayant sa tactique habituelle. Il répliqua: «J'aimerais bien savoir qui va m'empêcher d'avoir la mine à mon prix!» Alors, je sentis surgir la Puissance Suprême de Dieu en moi, jaillissant comme une avalanche et me laissant indifférent à ses tirades de mots. Je répondis:

«Dieu vous en empêchera.»

Cette réponse le fit éclater de rire. Il continua avec ses menaces, son cynisme et ses insultes. J'attendais calmement.

«Imbécile, reprit-il avec colère. Vous pouvez en parler de Dieu. Ni vous, ni Dieu, ni rien ne peut m'arrêter. Ce que je veux, je l'obtiens quoi qu'il arrive. Personne n'a encore pu m'arrêter.» Son arrogance semblait inépuisable. De toute évidence, son corps et son mental étaient victimes de ses émotions. Comme c'est le cas chaque fois que les sentiments sont hors de contrôle, sa raison était incapable de fonctionner, sans quoi elle l'aurait averti de mettre fin à ses insultes.

Je ressentis à nouveau l'expansion de la Puissance Divine. Cette fois-ci, elle devint de plus en plus forte jusqu'à ce que la puissante Voix Intérieure de mon Être Suprême, sonnant comme un clairon, révèle ouvertement la Vérité concernant la transaction et la fraude à la mine.

«Madame Atherton, dis-je, vous êtes victime d'un coup monté. Vos ouvriers ont découvert un important filon. Cet homme comptait un espion parmi eux, et il a acheté votre chef de chantier afin qu'il se taise.» Alors que mon Être Suprême continuait d'exposer leur trahison, le chef de chantier et ceux qui étaient présents dans la pièce devinrent blancs et incapables de dire un mot. L'acheteur éventuel semblait prêt à tout et, fou de rage, il me coupa la parole en hurlant:

«Vous mentez! Je vais vous briser le crâne pour cette audace.» Il brandit sa canne en acier. Alors que je levai la main pour la bloquer, une Flamme Blanche jaillit soudainement et le toucha en plein visage. Il tomba par terre comme foudroyé. À cet instant, l'Être Suprême intérieur parla encore avec toute l'Autorité de l'éternité, majestueux et puissant: «Que personne dans cette pièce ne bouge avant d'en avoir reçu la permission!» Je me rendis - non plus moi, mais 'Dieu en Action' - aux côtés de l'homme étendu par terre, et je poursuivis:

«Grande Âme dans cet homme, je m'adresse à toi! Cela fait trop longtemps que tu es prisonnière de ce moi personnel dominateur. Manifeste-toi *maintenant*! Prends les rênes de ce mental et de ce corps! Rectifie les nombreuses tromperies qu'il a pratiquées dans cette vie.

En deçà d'une heure, les énormes créations humaines de discorde et d'injustice qu'il a accumulées seront consumées, et jamais plus elles ne tromperont ni ne domineront un autre enfant de Dieu. À ce moi extérieur je dis: Réveille-toi dans la paix, l'amour, la douceur, la générosité et la bienveillance envers tout ce qui vit.»

Tranquillement, son visage commença à reprendre des couleurs, et il ouvrit les yeux, l'air un peu perdu. 'Dieu en moi', qui contrôlait toujours la situation, le prit doucement par la main, et, plaçant un bras sous son épaule, l'aida à s'asseoir dans un fauteuil confortable. De nouveau, Il commanda:

«Mon Frère! Regardez-moi.» Alors qu'il levait ses yeux vers les miens, son corps fut pris d'un tremblement, et d'une voix à peine audible il dit: «Oui, j'ai vu. Je comprends comme j'ai eu tort. Dieu, pardonnez-moi.» Il se mit les mains sur le visage pour se cacher et, couvert de honte, il resta sans dire un mot. Des larmes coulaient entre ses doigts, et il pleura comme un enfant.

Dieu en moi continua: «Vous allez payer un million de dollars à cette femme et lui verser, en plus, des royautés de dix pour cent, car le nouveau filon d'or a une valeur d'au moins dix millions.» Avec une profonde humilité et une étonnante douceur il répondit: «Réglons tout maintenant.» Au lieu, comme avant, de commander à ses hommes, il leur demanda de sortir les papiers. Puis il signa la transaction avec madame Atherton.

Me tournant vers les autres qui étaient dans la pièce, je me rendis compte, en voyant l'expression de leurs visages, que leur niveau de conscience avait été tellement élevé, qu'ils avaient pu voir à travers le voile humain, car ils disaient tous:

«Jamais plus je n'essaierai de tromper un être humain ou de lui nuire; Dieu, aidez-moi.» Leur niveau de conscience était monté au point de reconnaître et d'accepter l'Être Suprême qui est présent en *tous*.

Quand cet événement eut lieu, c'était la fin de l'après-midi. Madame Atherton nous invita cordialement à rester pour la nuit et à l'accompagner à Phoenix le lendemain matin pour faire enregistrer la vente. Après le repas du soir, nous nous retrouvâmes dans la grande salle de séjour, devant un beau feu. Chacun voulait comprendre davantage les Grandes Lois Cosmiques de la Vie.

Ils me demandèrent comment j'en étais arrivé à cette connaissance, et je leur parlai du Maître Saint Germain et de ma rencontre avec lui. Je leur racontai certaines de mes expériences au Mont Shasta et l'une de nos conversations sur la Grande Loi Cosmique où il m'avait dit:

«Mon Fils, la Grande Loi Cosmique ne fait aucune distinction entre les personnalités, pas plus que ne le fait la table de multiplication lorsque vous faites une erreur en l'utilisant. C'est comme en électricité, lorsque celui qui ignore ses Lois essaye d'orienter sa force sans savoir comment la contrôler.

«Les Grands Décrets Immuables qui maintiennent éternellement l'Ordre dans le Royaume infini de la Vie manifestée, sont tous basés sur 'le grand Principe Un de la Création': L'AMOUR. C'est là le Coeur, la Source de Tout, le Centre sur lequel est établie l'existence dans la forme. L'Amour est Harmonie, et, s'il n'était pas présent au commencement de la forme, celle-ci ne pourrait jamais se manifester. L'Amour est la Puissance de cohésion de l'Univers, et sans lui un Univers ne pourrait pas exister.

«Dans votre monde scientifique, l'Amour s'exprime en tant que force d'attraction sur les électrons. C'est l'Intelligence directrice qui leur Commande de se manifester, la Puissance qui les maintient en mouvement autour d'un noyau central, et le *Souffle à l'intérieur du noyau* qui les attire vers lui. La même chose est vraie pour chaque vortex de force, partout à travers la création.

«Un noyau central et ses électrons en orbite constituent un atome. Ce centre d'Amour est pour l'atome ce que le Nord magnétique est pour la Terre, et ce que la colonne vertébrale est pour le corps humain. Sans noyau central, sans Coeur Central, il n'y a que le sans-forme, la Lumière Universelle: les électrons qui emplissent l'Infini et tournent autour du Grand Soleil Central. L'électron est Pur Esprit ou 'Lumière' de Dieu. Il demeure éternellement Parfait et ne peut jamais être contaminé. Il est éternellement Autonome, Indestructible, Luminescent et Intelligent. Si ce n'était le cas, il ne pourrait pas obéir et n'obéirait pas à 'La Loi', l'activité directrice de l'Amour. Il est Immortel, Énergie-Lumière éternellement Pure et Intelligente, l'unique Substance Réelle et Vraie, de laquelle tout ce qui existe dans l'Univers est fait: 'L'Essence de Vie' Parfaite et Éternelle de Dieu.

«L'espace interstellaire est rempli de cette pure 'Essence de Lumière'. Il n'est pas sombre et chaotique comme le sont les concepts limités des petits intellects ignorants. Ce grand Océan de Lumière Universelle qui existe partout à travers l'Infini est constamment en cours de manifestation, recevant une qualité spécifique donnée, selon la manière dont les électrons sont maintenus par l'Amour autour d'un point central, un noyau.

«Le nombre d'électrons qui se combinent les uns aux autres pour former un atome donné, est un résultat déterminé par la *pensée consciente*. La vitesse de rotation autour du noyau central est déterminée par *ce qui est ressenti*. L'intensité du mouvement d'attraction et de révolution à l'intérieur du noyau central est le 'Souffle de Dieu' et, par conséquent, l'activité d'Amour Divin la plus concentrée qui soit. En termes scientifiques, on parlerait de force centripète. Tels sont les facteurs qui déterminent la *qualité* d'un atome. Ainsi, vous voyez que l'atome est une entité, une *réalité vivante et qui respire*, créée ou manifestée par le Souffle, l'Amour de Dieu, au moyen de la Volonté de l'Intelligence Consciente d'Être. C'est ainsi que 'le Verbe est fait chair'. Les instruments dont l'Intelligence Consciente d'Elle-même se sert pour opérer cette manifestation de son Être sont: penser et ressentir.

«Les pensées et les sentiments discordants modifient la cadence et la vitesse des électrons dans l'atome d'une manière telle, que la *durée* du Souffle de Dieu à l'intérieur du pôle se trouve changée. La durée du Souffle est décrétée par la Volonté de la Conscience qui utilise ce type d'atome. Si cette Volonté Directrice Consciente se retire, les électrons perdent leur polarité et se dispersent pour retrouver - *intelligemment, remarquez* - leur chemin vers le 'Grand Soleil Central', afin de se 'repolariser'. Là, ils ne reçoivent que Pur Amour. Le Souffle de Dieu y est éternel et l'Ordre - la Loi Première - y est perpétuel.

«Certains hommes de science ont dit et enseigné que dans l'espace les planètes entrent en collision les unes avec les autres. Une telle chose n'est pas possible. Cela reviendrait à jeter au chaos tout le Plan de Création. Il est plutôt heureux que les Puissantes Lois de Dieu ne soient pas limitées aux opinions de quelques enfants de la Terre. Peu importe ce qu'un scientifique, célèbre ou non, peut dire, la Création de Dieu va toujours de l'avant et exprime toujours davantage de Perfection.

«Les pensées constructives et les sentiments harmonieux qui existent à l'intérieur du mental et du corps humain sont les activités de l'Amour et de l'Ordre. Elles permettent de maintenir Parfaitement la cadence et la vitesse des électrons à l'intérieur de l'atome, et ainsi ils demeurent polarisés à l'endroit spécifique où ils se trouvent dans l'Univers, tant et aussi longtemps que la durée du Souffle de Dieu à l'intérieur du noyau est maintenue constante par la Volonté de l'Intelligence Directrice Consciente d'Elle-même qui utilise le corps contenant ces électrons. Ainsi, la qualité de Perfection et le maintien de la Vie dans un corps humain est *toujours* sous le contrôle conscient de la Volonté de l'individu qui l'habite.

«La Volonté de l'individu a la *suprématie* sur son temple, et, même en cas d'accident, personne ne quitte le temple de son corps sans le vouloir. Très souvent, la douleur physique, la peur, l'incertitude et bien d'autres choses influencent la personnalité qui modifie ses décisions concernant ce qu'elle avait voulu auparavant. Mais tout ce qui arrive au corps est, et sera toujours sous le contrôle de la libre volonté individuelle.

«Comprendre cette explication concernant l'électron et le contrôle conscient que possède l'individu pour gouverner la structure atomique de son corps au moyen de ce qu'il pense et de ce qu'il ressent, c'est comprendre le Principe Un qui régit la forme dans les mondes infinis. Lorsque l'être humain voudra bien faire l'effort pour se donner la preuve de cette Vérité, ou la prouver dans la structure atomique de son corps physique, il deviendra alors maître de lui-même. Lorsqu'il accomplit cela, tout dans l'Univers devient son collaborateur bienveillant afin qu'il puisse accomplir tout ce qu'il veut au moyen de l'Amour.

«Quiconque obéit de bon coeur à la 'Loi d'Amour' possède en permanence la Perfection dans son mental et dans son monde individuel. À lui, et à lui seul, appartiennent toute Autorité et toute Maîtrise. Lui seul a le droit de *gouverner*, parce qu'il a d'abord appris à *obéir*. Lorsqu'il a obtenu l'obéissance de la structure atomique de son mental et de son corps, la structure atomique de tout ce qui se trouve hors de son mental et de son corps lui obéira aussi.

«Ainsi, l'humanité - chaque individu à l'intérieur de lui-même - peut, par ce qu'il pense et par ce qu'il ressent, s'élever jusqu'aux plus hauts sommets ou sombrer dans les plus profonds abysses. Chacun est le seul à déterminer ses expériences à venir. Par le contrôle conscient de son attention, par ce qu'il laisse son mental accepter, il peut marcher et parler avec Dieu Face à Face, ou bien il peut se détourner de Dieu, descendre plus bas que l'animal, laissant ainsi sa conscience d'être humain sombrer dans l'oubli. Dans ce dernier cas, la Flamme de Dieu qui est en lui finit par se retirer de sa demeure humaine. Après une longue période, il effectue à nouveau un voyage dans le monde de la matière physique jusqu'à ce qu'il atteigne sa Victoire finale de manière consciente, et de son plein gré.»

Je leur dis que Saint Germain m'avait montré les possibilités illimitées que l'humanité peut atteindre chaque fois qu'elle est disposée à accepter la 'Grande Présence de Dieu' en tous, en tant que Puissance qui dirige et qui agit. L'acheteur de la mine me demanda pourquoi j'employais si souvent le mot accepter, et je me rappelai l'explication que Saint Germain m'avait donnée:

«Même dans les activités extérieures de votre Vie, lorsque vous achetez quelque chose ou quand on vous offre quelque chose de merveilleux et de parfait, si vous ne l'acceptez pas, il vous sera impossible de vous en servir ou d'en bénéficier. Il en est de même pour la 'Grande Présence de Dieu' à l'intérieur de nous. À moins d'accepter que notre Vie est la Vie de Dieu - et que toute la puissance et toute l'énergie mises à notre disposition pour agir, sont la Puissance de Dieu - comment pouvons-nous obtenir les Qualités de DIEU et les Victoires de DIEU dans notre monde individuel?

«En tant qu'Enfants de Dieu, nous avons l'obligation de choisir qui nous allons servir: la 'Présence' de l'Être Suprême intérieur, ou le moi humain extérieur. La satisfaction des appétits humains extérieurs et des exigences des sens physiques ne donnent qu'un seul résultat: malheurs et destruction.

«Tout Désir constructif est véritablement la Présence Intérieure de Dieu qui cherche à exprimer Sa Perfection pour l'usage et la satisfaction du moi extérieur. La grande Énergie de Vie coule constamment à travers nous. Si nous la dirigeons vers des réalisations constructives, Elle apporte joie et bonheur. Si Elle est dirigée vers la satisfaction des sens, il ne peut rien en sortir que tourments, parce que tout est action de la Loi: une Énergie de Vie non personnelle. Rappelez constamment à l'activité extérieure de votre mental que vous êtes 'la Vie', 'Dieu en Action' en vous et dans votre monde individuel. Le moi personnel s'approprie continuellement choses et pouvoirs comme si cela lui appartenait; alors que l'Énergie même par laquelle il existe n'est qu'un prêt de la 'Présence' de l'Être Suprême. L'activité personnelle du moi humain ne possède pas même sa peau. Les atomes de son corps lui sont prêtés par la 'Présence Suprême de Dieu' et proviennent du grand Océan de Substance Universelle.

«Entraînez-vous à redonner toute puissance et toute autorité à la 'Glorieuse Flamme de Dieu' qui est votre 'Être Réel' et la 'Source' de laquelle vous avez toujours reçu toutes bonnes choses.» Nous parlâmes jusqu'à deux heures du matin, et je dus rappeler qu'il fallait se retirer. Personne ne voulait dormir, mais je leur dis: «Vous dormirez dans les bras de Dieu.» Le lendemain matin ils étaient tous surpris de voir comme ils s'étaient endormis rapidement. Nous nous levâmes à sept heures et partîmes pour Phoenix. Après avoir complété les formalités d'enregistrement, je leur dis qu'il me fallait partir, car, pour l'instant, mon travail avec eux était terminé. Ils se montrèrent tous pleins de reconnaissance, et désireux d'en savoir plus. Je leur promis de rester en contact avec eux et de les aider encore selon ce que Saint Germain dirait. Alors que j'étais sur le point de partir, l'acheteur de la mine se tourna vers moi et me dit: «Peu importe ce qu'on pense de moi, je veux vous prendre dans mes bras et vous remercier du plus profond de mon coeur pour m'avoir sauvé de la destruction de mon moi extérieur, et m'avoir révélé la 'Grande Lumière'.» En signe de profonde humilité, j'inclinai la tête et je lui répondis:

«Dieu soit loué, je ne suis qu'un relais. Dieu seul est la Grande 'Présence' et la Puissance qui accomplit tout bien.» Madame Atherton se tourna vers moi et m'exprima ses sentiments: «Je rends grâce et je remercie Dieu qui est en vous pour la puissante Protection de Sa

'Présence', et jamais je ne cesserai de remercier Dieu et vous-même pour la Lumière que cet événement nous a apportée à tous.»

«Je suis certain que nous nous reverrons», répondis-je. Puis disant au revoir à tout le monde, je me dirigeai une fois de plus vers le Mont Shasta. J'arrivai chez moi le soir du deuxième jour.

Deux semaines plus tard, je ressentis le désir intense de me rendre une fois de plus à mon lieu de rendez-vous avec le Maître Saint Germain. Je me mis en route à quatre heures du matin, et j'atteignis la lisière de la forêt dense vers neuf heures. Avant même d'avoir fait vingt pas dans le bois, j'entendis le cri plaintif de mon amie la panthère. Je lui répondis aussitôt. Elle arriva près de moi, bondissant et m'accueillant comme un vieil ami. Nous continuâmes ensemble vers notre lieu de rendez-vous.

Je remarquai que la panthère était très agitée, et elle semblait vraiment nerveuse. C'était inhabituel, car elle s'était toujours montrée très calme en ma présence. Je la flattai et lui caressai la tête, mais cela ne changea rien. Je m'assis, et nous mangeâmes. «Allez, viens la belle, allons faire une promenade», lui dis-je après avoir terminé. Elle me regarda très intensément avec l'air le plus pathétique que j'aie jamais vu. Mais je ne comprenais pas.

Ayant marché quelque temps, nous arrivâmes à une falaise d'environ cinq mètres de hauteur au sommet de laquelle se trouvait un rocher en porte-à-faux. Quelque chose me fit regarder la panthère. Ses yeux avaient une expression féroce et sauvage. Je ressentais comme une tension dans l'atmosphère sans savoir de quoi il s'agissait. J'avançai un peu plus loin: un frisson me traversa le corps. Levant soudainement les yeux, je vis qu'un couguar était accroupi, prêt à sauter. Il bondit instantanément vers moi. Je me précipitai contre la falaise, et le couguar atterrit un peu plus loin de là où je me trouvais un instant plus tôt. Il bondit, rapide comme l'éclair, et les deux bêtes engagèrent un combat à mort. Aucun mot ne peut décrire la violence de l'affrontement qui suivit. Elles hurlaient, se déchiraient et se mordaient. Le couguar était beaucoup plus lourd, et, au début, il semblait avoir le dessus. Cependant, la panthère était la plus rapide des deux et elle put se dégager. Après une courte pause, elle réussit à bondir sur le dos du couguar, et elle planta ses crocs juste à l'arrière de ses oreilles.

La panthère tenait ferme, et au bout de quelques secondes à rouler et à se débattre, le couguar perdit ses forces. Finalement, ils arrêtèrent ensemble. La panthère vint vers moi en vacillant: son flanc était terriblement déchiré. Elle leva les yeux vers moi: la férocité avait quitté son regard, et son énergie diminuait rapidement. Une expression de satisfaction émana de sa face puis, échappant un cri plaintif, elle tomba morte à mes pieds. Je restai sans bouger, pleurant silencieusement la perte de mon amie, car je m'y étais attaché comme à un compagnon humain. Au bout de quelques secondes, je levai les yeux: Saint Germain se trouvait près de moi.

«Mon Frère bien-aimé, ne soyez pas triste ou ébranlé,

dit-il, votre rencontre avec cette panthère a tellement vivifié sa conscience qu'elle ne pouvait rester plus longtemps dans ce corps. De plus, la Grande Loi Cosmique exigeait qu'elle vous rende un service. Elle l'a fait avec amour en vous sauvant la vie. Tout est très bien.» Il posa le pouce de sa main droite sur mon front. «Soyez en paix», dit-il. Alors, le sentiment de chagrin me quitta et je me sentis totalement remis. «La Grande Loi Cosmique est infaillible. Nous ne pouvons pas recevoir sans donner et nous ne pouvons pas donner sans recevoir. C'est ainsi qu'est maintenu le Grand Équilibre de la Vie.

«Je vous félicite sincèrement pour le service que vous avez rendu à la mine et pour votre sérénité en cette occasion. Toutes les personnes impliquées dans cette transaction deviendront de grands serviteurs de l'humanité. Vous serez bientôt appelé à rendre un service beaucoup plus grand que tout ce que vous avez pu donner jusqu'à présent. En le rendant, rappelez-vous toujours que c'est la Puissance et l'Intelligence de Dieu qui agissent, et que votre mental et votre corps ne sont que des relais. Jusqu'à ce que cette expérience se présente à vous, méditez constamment sur la 'Puissance Illimitée de Dieu' qui peut s'exprimer à travers vous n'importe quand.»

Je lui demandai quelle est l'attitude des Maîtres d'Ascension à l'égard des nombreux individus qui communiquent une partie de la Vérité. Il me répondit:

«Il y a de nombreux relais sincères. Certains possèdent une compréhension plus profonde que d'autres. Ce sont tous des enfants de Dieu qui servent au mieux de leurs capacités selon leur compréhension du moment. Nous ne jugeons personne, mais nous devons voir Dieu seul qui s'exprime en tous. Notre oeuvre consiste à bénir toutes activités, où qu'elles soient. Nous voyons la 'Lumière Intérieure' qui en rayonne; il nous est donc impossible de nous tromper quant à savoir si elles enseignent ou non la Vérité. Il en est de même pour les individus. Ceux qui offrent leur service au Nom du Maître d'Ascension Jésus le Christ recevront une assistance plus qu'ordinaire.» Quand nous eûmes marché quelques pas, il me dit:

«Venez, je vous raccompagne chez vous. Placez votre bras autour de mon épaule.» Aussitôt, je ressentis que mon corps quittait le sol. Quelques instants plus tard, j'étais dans ma chambre avec Saint Germain debout près de moi, qui souriait de me voir surpris. «Venez me rencontrer dans sept jours à l'endroit habituel, dit-il, et nous terminerons alors notre travail dans cette partie du pays.» Il me sourit et s'inclina gracieusement, puis il disparut lentement de ma vue. La dernière chose que je vis furent ses yeux merveilleux et souriants.

Alors que je méditais quotidiennement sur la 'Présence intérieure de l'Être Suprême' pour me préparer à mon service futur, je pris de plus en plus conscience de l'importance fondamentale de maintenir mon Attention centrée sur cette 'Présence seulement', peu importent les apparences extérieures, afin d'éviter que les circonstances extérieures ne m'affectent. Dans l'une de ses conversations, Saint Germain avait fortement insisté sur l'importance vitale de maintenir l'Harmonie dans le moi extérieur. Il avait dit, à ce sujet: «Mon Fils, vous ne pouvez savoir comme il est impératif d'établir l'Harmonie dans le moi extérieur, afin que la *plénitude* de la Perfection et de la Puissance intérieures s'expriment dans votre Vie extérieure. Il est impossible de trop insister sur l'importance de maintenir un sentiment de paix, d'Amour et de sérénité dans le moi personnel parce que, quand cela a lieu, la 'Présence Intérieure de l'Être Suprême' peut intervenir n'importe quand et sans aucune limite.

«La Clé Magique qui ouvre la porte et qui libère instantanément cette formidable 'Puissance Divine Intérieure', consiste à déverser continuellement et inconditionnellement un *sentiment* de Paix et d'Amour Divin à toute personne et à toute chose, peu importe que vous pensiez qu'elle le mérite ou non. Il est vraiment heureux celui qui a appris cette 'Loi' parce qu'alors, il ne cherche qu'à ÊTRE *toute* Paix et *tout* Amour. Sans cela, l'humanité ne possède rien de bon; mais avec cette compréhension, l'humanité possède toute 'Perfection'. L'Harmonie est la note fondamentale, la 'Grande Loi Une de la Vie'. Elle est le fondement de toute Manifestation Parfaite; mais sans Elle, toute forme se désintègre et retourne au grand Océan de Lumière Universelle.»

Pendant les sept jours qui suivirent, je passais beaucoup de temps en méditation. Je ressentais une paix de plus en plus profonde s'installer en moi, et, au sixième jour, on aurait dit que toute ma conscience était comme une grande mer tranquille. Le matin du septième jour, je quittai ma chambre à quatre heures et j'arrivai à notre lieu de rendez-vous à dix heures trente. Rempli d'une joie profonde que je savais être le résultat de ma méditation, je m'assis sur un tronc d'arbre pour attendre. J'étais dans un état tellement profond de contemplation sur l'Être Suprême en moi, que je n'entendis personne approcher jusqu'à ce qu'une voix s'adresse à moi.

Levant les yeux, je vis un vieil homme ayant la barbe et les cheveux blancs, que sur le coup je pris pour un vieux prospecteur, bien que ses vêtements fussent trop propres pour cette activité. Il s'approcha et me tendit la main, ce qui confirmait mon sentiment que ce n'était pas un homme au travail. Nous nous présentâmes et échangeâmes quelques généralités. Puis, se tournant vers moi, il me dit: «Mon ami, j'aimerais vous raconter une histoire. Ce ne sera pas bien long. Cela fait bien longtemps que je ne l'ai pas racontée à quelqu'un. J'aimerais essayer une fois de plus.»

À partir de là, je commençai à me sentir fortement intéressé. Il me vint à l'esprit qu'il pouvait avoir soif. J'allais prendre un gobelet pour lui donner à boire de l'eau de la rivière qui coulait là, lorsqu'apparut dans ma main une coupe de cristal semblable à celle que Saint Germain m'avait tendue plusieurs fois. Le vieil homme leva les yeux, tout brillants et tout pétillants, et avec vivacité il cria presque: «C'est lui! C'est lui!»

Je ne savais que faire. Aussi, je lui demandai de boire. Regardant dans la coupe, je vis qu'elle était remplie du même liquide transparent et pétillant que le Maître m'avait donné. Le vieil homme la prit avec empressement, puis, exprimant la gratitude la plus intense que j'aie jamais vue, il en but le contenu. Immédiatement, il devint très calme et très tranquille, et, en même temps, profondément sincère. Je lui demandai qu'il me raconte son histoire et il commença en disant:

«Mon père était un officier britannique stationné au Penjab dans le nord de l'Inde où nous habitions. Quand j'avais seize ans, il finança un ami qui partit pour l'Afrique du Sud tenter sa chance dans les mines de diamants. Mais mon père n'en entendit plus jamais parler. L'année de mes vingt ans, un inconnu plutôt grand et de belle apparence, un homme de grande sagesse, rendit visite à mon père chez nous. Il avait un message de l'ami de mon père.

« "Je vous apporte des nouvelles, expliqua-t-il, de l'ami que vous avez financé il y a quatre ans. Il a très bien réussi dans cette aventure; en fait, il est devenu très riche. Récemment, il est décédé là-bas aux mines, sans laisser de famille. Il vous a légué toute sa fortune, et, en cas de décès, elle irait à votre fils. Si vous le désirez, je vais m'occuper de l'affaire et voir à ce que le transfert des fonds se fasse immédiatement." Mon père répondit: "Je ne peux pas quitter l'Inde actuellement, car je me trouve ici à la solde du gouvernement. J'apprécie grandement votre offre de vous occuper du transfert à ma place." Durant leur conversation j'étais près d'eux et après qu'ils se furent entendus, l'inconnu se tourna vers moi.

« "Mon fils, dit-il, lorsque vous trouverez l'homme qui vous offrira une coupe de cristal remplie d'un liquide pétillant, vous aurez rencontré celui qui peut vous aider à élever votre corps. Je ne peux vous en dire plus, sinon que vous le trouverez sur une grande montagne en Amérique du Nord. Pour l'instant, cela peut vous sembler vague, mais c'est tout ce que je puis vous dire."

«L'inconnu partit. Un mois plus tard mon père, qui était allé régler certaines affaires officielles avec les autochtones, fut tué. Il décéda avant d'être ramené chez nous. J'étais fils unique. Un mois plus tard, ma mère et moi nous préparâmes à rentrer en Angleterre. Juste avant notre départ le même inconnu revint et dit qu'il était prêt à transférer la fortune de mon père à mon nom. Je lui expliquai que père avait été tué. "Oui, répondit-il, lorsque je suis parti, il y a deux mois, je savais que votre père décéderait avant mon retour. J'ai pris les dispositions pour que votre fortune soit transférée, ou plutôt transférée pour vous à la Banque d'Angleterre. Voici de l'argent dont vous pourrez avoir besoin pour votre voyage de retour, ainsi que les papiers de transfert et les lettres de créance dont vous aurez besoin à la banque. Présentez-les et vous pourrez disposer de votre argent. Une bonne partie est constituée de diamants de première qualité." Je le remerciai et lui offris de le payer pour ses services, mais il répondit: "J'apprécie votre bonne intention, mais cela est déjà arrangé. Je serai heureux de vous accompagner à votre bateau à Bombay." Le voyage me permit de découvrir sa grande sagesse et, à côté de lui, je me sentais comme un enfant. Je sais maintenant qu'il m'enveloppa d'un

Rayonnement qui m'a accompagné durant toutes ces années. Il s'occupa de notre transport et nous accompagna au bateau. Ses derniers mots furent:

« "Rappelez-vous: la Coupe de Cristal. Cherchez et vous trouverez."

«Après une magnifique traversée, nous arrivâmes à Southampton, puis nous nous rendîmes à Londres où je présentai mes lettres de créance à la Banque d'Angleterre. L'employé à qui je les montrai me dit: "Oui, nous vous attendions aujourd'hui. Voici votre livre et vos chèques". Je les regardai pour voir le montant de ma fortune. À ma grande surprise, il y avait cent mille livres à mon crédit. Cinq années plus tard ma mère décéda. Je transférai la moitié de l'argent à une banque de New-York et je commençai ma quête de la Coupe de Cristal.

«Je ne pourrai jamais dire les déceptions, les épreuves et les difficultés que je rencontrai. Pourtant, en dépit de tout, jamais je n'abandonnai. Le plus étrange pour moi est que, malgré mon apparent vieillissement, mon énergie et ma force sont aussi grandes que durant ma jeunesse, parfois même plus je crois. J'ai soixante-dix ans. Aujourd'hui, j'ai voulu suivre ce sentier, et, Dieu soit loué, je vous ai trouvé. Mon désir était si grand, c'était plus fort que moi.»

«Mais, mon brave homme, que dois-je faire pour vous?» lui demandai-je.

«Vous allez savoir, dit-il, parce que je sais que je n'ai pas fait d'erreur. Dans le coeur de cette splendide montagne se trouve une grande Puissance. Je la ressens.

Demandez à Dieu qu'il vous montre quoi faire.»

Tout à coup je ressentis 'la Suprême Puissance de Dieu' jaillir avec une telle force, qu'elle me fit presque décoller du sol. Faisant le signe que Saint Germain m'avait montré, j'appelai Dieu pour Sa 'Lumière' et, levant la main en signe de salutation, je dis: «Dieu Tout-Puissant dans l'homme et dans l'Univers! Nous recherchons Ta Lumière! Nous recherchons Ta Sagesse! Nous recherchons Ta Puissance! Que Ta Volonté se manifeste dans ce Frère et pour ce Frère qui a cherché et qui m'a trouvé afin que je fasse pour lui je ne sais pas quoi. Toi, Tu sais! Manifeste Ta Volonté à travers mon mental et mon corps, et que tout ce qui doit être fait pour ce Frère, Ton Fils, arrive.»

Alors que je baissais la main, elle tenait la Coupe de Cristal remplie de 'Lumière Liquide et Vivante'. Je lui présentai la Coupe, et l'Être Suprême en moi parla encore: «Bois sans crainte. Ta quête est terminée.» Il but sans aucune hésitation. Je m'avançai rapidement, et je pris ses deux mains dans les miennes. Lentement et progressivement toute trace d'âge disparut de son corps, et Dieu en moi continua:

«Voici! Tu es pour toujours libre de toute limitation terrestre. Élève-toi maintenant vers la 'Grande Assemblée des Maîtres d'Ascension' qui t'attendent.»

Très lentement, il commença à s'élever de terre; simultanément, ses vêtements humains disparurent et furent remplacés par des vêtements blancs et lumineux. Je lâchai ses mains. Alors, d'une voix remplie d'Amour intense il me dit: «Je reviendrai vers vous, frère bien-aimé. Vous recevrez beaucoup pour ce Service Transcendant. Vous étiez le seul par qui ceci pouvait se faire. Un jour vous verrez pourquoi.» Rempli d'un joyeux sourire, il disparut dans une Colonne de 'Lumière' Rayonnante.

La Puissance de l'Être Suprême en moi diminuait, et j'étais tellement stupéfait que je tombai à genoux en offrant la plus intense prière de toute ma Vie, rempli d'une humble reconnaissance et glorifiant Dieu pour le privilège d'avoir rendu un tel service. Je me relevai, et Saint Germain m'accueillit chaleureusement dans ses bras.

«Mon Frère bien-aimé, dit-il, je suis très heureux. C'est avec noblesse et fidélité que vous avez assisté Dieu le Suprême qui est en vous. Vous avez merveilleusement bien accueilli votre 'Maître Suprême en Action'. Je vous en félicite sincèrement. Nos bras seront constamment autour de vous, même si vous n'en êtes pas toujours conscient extérieurement.

«Vous êtes devenu un digne 'Messager' de la Grande Fraternité de Lumière et des Maîtres d'Ascension. Collez à votre Être Suprême. Ainsi, vous serez prêt à servir toujours et en tout lieu selon les besoins du moment. Je vous couvre de mon Amour jusqu'à notre prochaine rencontre. Je vous tiendrai au courant.»

Tranquillement, je retournai vers la maison, louant et remerciant Dieu l'Un Suprême qui nous prépare tous à son 'Éternelle Perfection'.

CHAPITRE 9

Les Maîtres de Vénus au Teton Royal

lusieurs semaines s'étaient écoulées. Puis, le matin du trente et un décembre mil neuf cent trente arriva et, avec lui, Saint Germain. «Soyez prêt pour sept heures ce soir, me dit-il, et je viendrai vous chercher. Centrez le plus possible votre attention sur la Splendeur de l'Être Suprême Intérieur, afin que vous puissiez profiter au maximum de cette occasion divine. Ayez une pensée pour votre Flamme Jumelle et votre fils, car ce soir vous serez tous les trois les invités d'honneur de la Fraternité du Teton Royal à l'occasion de leur Assemblée du nouvel an.»

Je passai le reste de la journée en profonde méditation, et il arriva à sept heures. Ayant déjà placé mon corps au lit, je rentrai dans celui qu'il m'avait préparé. Il me dit: «Ce soir aura lieu une expérience qui n'a pas été tentée depuis plus de soixante-dix mille ans. Nous sommes très confiants de la réussir en cette occasion, car tous sont maintenant fin prêts. Venez.»

Nous avons dû nous déplacer très rapidement bien que je ne m'en rendisse pas compte. Peu après, nous nous trouvions au sommet du Teton Royal que l'épaisse couche de neige faisait scintiller comme mille diamants sous les rayons de lune. En approchant de l'entrée de l'ascenseur, je remarquai qu'elle était entourée d'un espace dégagé, d'au moins trente mètres de rayon. En entrant, l'air était chaud et confortable. Nous franchîmes l'entrée qui avait été ouverte pour ceux qui assistaient à la célébration du nouvel an.

Avec Saint Germain, je pénétrai dans la grande salle d'audience où je rencontrai Lotus et notre fils qui venaient d'arriver avec Amen Bey, leur accompagnateur. En cette occasion, notre joie fut très grande, car cela faisait environ deux ans que nous n'avions pas été ensemble sur le plan physique. De plus, durant cette période, quand nous travaillions hors de notre corps, nous nous occupions de nos activités individuelles et nous servions à des endroits différents sur les plans Intérieurs.

La grande salle était magnifiquement éclairée, et un merveilleux parfum de roses et de fleurs de lotus remplissait l'atmosphère. Une musique extrêmement douce et délicate flottait dans l'air, semblant venir de partout. Plusieurs Maîtres étaient déjà présents, et d'autres arrivaient continuellement.

Nous remarquâmes qu'un objet assez gros avait été placé au centre de la salle; mais comme aucune explication n'avait été fournie, nous gardâmes le silence. Saint Germain nous présenta aux invités, puis nous conduisit dans une pièce remplie d'instruments de musique très rares. Nous vîmes un orgue à tuyaux et quatre harpes faites d'une substance ressemblant à de la perle, et dont les colonnes étaient en or. Leur caisse de résonance et leur partie supérieure étaient en métal blanc. Sur les harpes, la gaine des cordes hautes était en argent, et celle des basses, en or. Ces cordes étaient faites d'une substance qui donnait un son ressemblant à la fois à celui du métal, du bois et de la voix humaine. Il n'est possible de connaître le son de ces instruments qu'en les écoutant, car ils sont différents de tout ce qui a jamais existé dans l'univers de la musique occidentale. Le son produit par ce matériau peu ordinaire se rapproche beaucoup des sons merveilleux de l'esraj, un instrument utilisé en Inde.

Nous avons également vu quatre violons faits d'une substance ressemblant à de la perle, mais dont la résonance dépasse celle de n'importe quel bois connu. Les cordes étaient gainées à la fois d'or et d'argent et produisaient un son dont la beauté dépasse pratiquement toute description. Nous avons entendu tous ces instruments plus tard dans la soirée.

Retournant à la grande Salle d'Audience, Saint Germain montra à Lotus et à notre fils les magnifiques portraits qui avaient été récemment transférés du temple de Mitla à Oaxaca au Mexique. Il les accompagna à la salle des archives et leur montra les preuves des observations que j'avais faites avec lui.

Pour le service à accomplir lors de cette célébration du nouvel an, tous les membres du Teton Royal étaient vêtus de simples robes dorées faites d'un tissu splendide et portant l'emblème de la Fraternité sur le côté gauche de la poitrine. Il était brodé et ressemblait à du velours bleu foncé, de la même teinte que le grand panneau formant le Miroir Cosmique. Il y avait soixante-dix hommes, trente-cinq femmes et le Maître de cérémonie, Lanto, qui est responsable de cette Retraite. Quand tous les membres de cette branche furent présents, il s'avança et leur dit :

«Il est maintenant onze heures, c'est le moment de faire notre méditation. Ce soir, adorons profondément la 'Grande Lumière'; durant trente minutes, ressentons profondément notre 'Unité' avec l'Être Suprême Intérieur; et durant les trente minutes suivantes, reconnaissons 'L'Unité' de Vénus et de notre Terre. Que chacun prenne sa place habituelle pour former une ellipse au centre de la salle.»

Pendant une heure, on aurait dit cent six Êtres d'Or pur unis dans un même souffle, tant ils étaient à l'unisson. À la fin de la méditation, une joyeuse musique remplit la salle immense, et Lanto s'avança vers le grand Miroir. Il étendit les mains: un *superbe éclat* de 'Lumière' jaillit sur l'écran, révélant au loin un groupe de personnes qui étaient entourées d'une 'Lumière' dorée, rose et violette dont la beauté et le rayonnement étaient *éblouissants*. Ces personnes se rapprochaient, et ces extraordinaires couleurs remplissaient la grande salle d'audience, procurant à chacun une formidable sensation d'élévation et de puissance.

Maintenant, il y avait parmi nous douze Invités en provenance de Vénus. Ils portaient des *vêtements blancs et scintillants*, absolument impossibles à décrire. Il y avait sept hommes et cinq femmes, tous très beaux. Six hommes mesuraient au moins un mètre quatre-vingt-treize, et le septième avait au moins cinq centimètres de plus. Les femmes mesuraient au moins un mètre soixante-dix-huit. Ils avaient tous les cheveux châtain clair, sauf le Grand Maître dont la chevelure magnifique avait la couleur de l'or pur. Leurs yeux splendides étaient bleu violet, fascinants, brillants et pénétrants.

Le Grand Maître fit la salutation orientale, touchant son coeur et son front avec le bout des doigts de sa main droite, puis il s'inclina devant Lanto. Les autres s'avancèrent aussi pour le saluer, et furent présentés à tous ceux qui étaient là. Lanto ouvrit la soirée par quelques mots de bienvenue dont je ne peux rapporter que la dernière partie: «En 'Présence' de l'Être Suprême Un et de ceux de la 'Grande Fraternité de Lumière' ici réunis, ces douze Invités en provenance de Vénus sont faits 'Membres de la Fraternité du Teton Royal'.»

Le Grand Maître fut nommé Maître de Cérémonie pour la soirée. Il exprima sa reconnaissance pour l'accueil fait, s'avança au centre de la salle et, sans le toucher, retira le tissu doré: Oui! Devant nous se trouvaient les trois sarcophages de cristal qui contenaient les corps parfaitement conservés de Lotus, de notre fils, et le mien. On aurait dit qu'ils venaient tout juste de s'endormir, car ils rayonnaient une santé parfaite. Le Grand Maître se tourna vers nous et dit: «Êtes-vous prêts?» Nous répondîmes tous les trois par l'affirmative. «Alors, prenez vos places près des sarcophages», expliqua-t-il.

Nous obéîmes, et aussitôt un splendide Rayonnement de Lumière se forma autour de nos corps et de nous-mêmes, puis il s'intensifia rapidement jusqu'au point où nos corps ont dû devenir invisibles à la vue extérieure. Quelques instants plus tard, le Rayonnement diminua et, à notre grand étonnement, les sarcophages étaient vides. Nous nous tenions là, revêtus de ces corps que nous avions mis de côté il y a très longtemps et que la 'Flamme de Vie' avait entretenus et purifiés pendant des siècles.

La transformation était fascinante, et il n'est pas possible de décrire ce que nous ressentions, parce que nous étions tout aussi étonnés que le lecteur. Cependant, le côté humain de toute personne, même au mieux de ses possibilités, connaît si peu les Merveilles extraordinaires qui existent continuellement tout autour de lui; il connaît si peu les Possibilités infinies qui existent sur les différents plans de la Vie; car toute chose est possible, et plus nous vivons dans l'Amour et dans la reconnaissance de notre Divinité, plus ces Merveilles de la Création se révéleront dans nos existences individuelles.

L'expérience avait parfaitement réussi. Nous nous déplaçâmes parmi les Frères et les Soeurs, et tous nous félicitaient, le Maître et nous-mêmes. Ils se réjouissaient grandement que cette expérience si inhabituelle soit devenue une puissante Vérité. Plusieurs remarquèrent la similitude entre ces corps et ceux des Visiteurs de Vénus.

Les sarcophages de cristal furent ensuite retournés à leur salle, et les superbes instruments de musique furent placés dans la salle d'audience. Saint Germain joua le premier morceau sur un grand orgue, une composition qu'il appelait 'Coeurs du Futur'. Elle m'apparut comme étant la musique la plus délicate, la plus colorée et à la fois la plus puissante qu'un orgue ait jamais produite sur Terre. Pendant qu'il jouait, de splendides couleurs, dont la beauté est indescriptible, rayonnaient dans toute l'atmosphère de cette salle immense.

La pièce suivante fut interprétée par un groupe. Le Maître Saint Germain était à l'orgue, trois Femmes Maîtres venant de Vénus et Lotus jouaient de la harpe, et deux des Frères de Vénus, notre fils et moi-même, étions au violon. Quand nous fûmes tous prêts, les mots 'Âmes en extase' se mirent à briller au-dessus de l'orgue, au moment même où Saint Germain entonna le prélude. Chacun se laissa profondément pénétrer de la plénitude et de la joie de cette splendide musique. Son volume et sa puissance atteignirent un niveau tel, qu'on aurait dit que la beauté et la splendeur de cette joie rayonnaient suffisamment de Conscience Divine pour élever toute l'humanité, et la Terre elle-même, à la Perfection Éternelle.

Il y eut encore quatre morceaux qui furent joués avec cette même puissance extraordinaire qui élève et harmonise tout, au point où nous nous sentions comme si la montagne elle-même allait s'envoler. Une fois la musique terminée, les instruments furent retournés à leur place, et le Maître de Cérémonie fit asseoir tout le monde en ordre devant le grand Miroir. Il s'assit à la pointe du triangle de terre, et de merveilleuses images de Vénus commencèrent à apparaître, tandis qu'il expliquait les détails difficilement compréhensibles.

Ces images en montraient beaucoup sur leur système d'éducation: il y avait des instruments d'astronomie dont la perfection ferait pâlir d'admiration et d'étonnement les scientifiques d'aujourd'hui; des équipements pour géologues permettant d'observer l'intérieur des couches de Vénus et de la Terre. Nous vîmes des inventeurs et leurs remarquables découvertes qui dépassent l'imagination la plus fertile.

«Plusieurs de ces inventions, expliqua le Maître, seront utilisées sur Terre pendant l'âge de Cristal et d'Or dans lequel nous venons d'entrer.» Il nous a expliqué certaines des principales inventions qui doivent être utilisées sur Terre. Si les humains avaient pu les voir, ils se sentiraient profondément encouragés quant à leur avenir. Il est possible que ces images de Vénus soient reprises et décrites dans un autre ouvrage plus tard, pourvu que j'en reçoive la permission.

Après les images de Vénus, celles de la Terre apparurent à l'écran. On nous montra les nombreux changements qui doivent se produire durant les soixante-dix prochaines années. Ils affectaient l'Europe, l'Asie, l'Inde, l'Amérique du Nord et du Sud et montraient que, indépendamment de toutes les apparences actuelles, les forces obscures qui cherchent à provoquer le chaos et la destruction dans le monde entier seront totalement anéanties. Lorsque cela sera fait, l'ensemble de l'humanité se tournera vers la 'Présence de l'Être Suprême' qui se trouve dans chaque coeur et qui gouverne l'Univers. *«La Paix régnera sur Terre, et l'être humain sera rempli de bonne volonté envers ses frères et soeurs.»* Cette Révélation était prodigieuse. Les dernières images concernaient surtout les États-Unis du siècle prochain. Les progrès et l'avancement qu'ils connaîtront sont presque incroyables.

Ces choses sont vraies, car la 'grande Loi de Dieu' ne fait aucune erreur, et les Révélations de cette nuit du nouvel an sont les Archives de Dieu, Éternelles et Vraies.

On nous montra certaines grandes âmes qui se réveilleraient, feraient leur Ascension et viendraient s'ajouter à la Multitude des Maîtres d'Ascension afin de continuer cette oeuvre de perfectionnement. Ensuite, le Maître de Cérémonie rappela la réalité des 'Bien-Aimés Kumâras' à tous ceux qui étaient présents. D'une voix remplie d'Amour et d'Adoration, il donna cette explication en leur honneur.

«Les Sept Kumâras, que certains étudiants de la 'Lumière' connaissent sous le nom de 'Seigneurs de la Flamme' de Vénus, furent les Seuls Êtres de tout ce système planétaire qui, de leur plein gré et par Amour absolu, se sont offerts pour protéger les enfants de la Terre et les aider dans leur marche vers le haut. Ils sont venus rendre un *service transcendant* au moment le plus critique de l'évolution planétaire. Ils sont venus au moment le plus périlleux de la Vie d'une planète et de son humanité. Mais grâce à leur protection et à leur gouverne, le but a été atteint, et l'humanité a pu atteindre des 'Niveaux plus élevés'.

«Plusieurs de nos Frères savent que tous les deux mille cinq cents ans, les Kumâras libèrent un flot fortement accru d'Amour, de Sagesse et d'Énergie Cosmiques. Cette Lumière Flamboyante, ce Rayonnement Transcendant qui inonde la Terre et ses habitants en pénétrant tout, est un *formidable processus d'élévation* qui donne une impulsion de croissance à la Terre et à ses habitants.

«Durant la période qui précède ces grandes effusions, la planète connaît d'importants bouleversements, et cette agitation globale est ressentie par l'humanité. Ces bouleversements sont la conséquence de la discorde accumulée pendant la période précédente. La création d'une telle discorde est toujours due au fait que les individus s'éloignent du 'Principe de Vie' fondamental. La perturbation ainsi générée par les sens humains pollue l'activité extérieure de l'humanité, la Terre et son atmosphère.

«Les cataclysmes se produisent pour nettoyer cela et pour ramener l'humanité à la Pureté Originelle de la Vie. Après de telles périodes, les Kumâras déversent un *énorme flot* de 'LUMIÈRE' afin d'illuminer et de renforcer les enfants de la Terre, les rendant finalement capables d'atteindre la Victoire Suprême.

«Nous arrivons à une telle période, et cette fois-ci l'effusion d'Amour, de Sagesse et d'Énergie Cosmiques, les puissants Rayons de Lumière, stimuleront, non seulement le mental des humains, mais aussi la structure atomique de la Terre elle-même, ce qui la rendra plus 'Lumineuse' dans notre système Solaire. Depuis la venue sur Terre de ces grands Seigneurs de la Flamme, jamais les conditions n'avaient permis qu'ait lieu une si attention sur les trois centres supérieurs du corps, et il fera toute son application sur ces points. Seuls les centres du coeur, de la gorge et de la tête recevront sa considération et son attention conscientes.

«Tout l'effort de l'aspirant sera de maintenir son attention sur ces centres, car c'est uniquement en se détournant des centres inférieurs qu'il sera capable de se dégager de ses souffrances et de ses limites. Le centre situé au sommet de la tête est le foyer le plus élevé du corps humain: c'est là que la Corde d'Argent de 'Lumière Blanche Liquide', issue de la Grande Source de Création, pénètre dans le corps.

«Lorsque l'attention du mental est fermement maintenue sur ce point, la Porte de l'Âme est ouverte, et la Triple Activité de la Pure Lumière Blanche entoure la taille juste au-dessous du plexus solaire, coupant ainsi les activités destructrices de la nature animale dans l'homme. Ceci permet à son âme de s'adonner Pleinement à son Activité Divine en s'unissant à nouveau à la Perfection de Sa Source, pour ensuite devenir Éternellement Maître de toutes créations humaines, c'est-à-dire des discordes terrestres. L'étudiant sincère devrait méditer fréquemment sur l'Action Parfaite de la 'Lumière Or' située à l'intérieur de la tête, car cela illumine son mental et lui enseigne tout ce qu'il est bon qu'il sache. C'est cela, la 'Lumière de l'Être Suprême Intérieur'. L'étudiant devrait la *ressentir* remplissant toute sa conscience, tout son corps et tout son univers individuel. C'est la 'Lumière qui éclaire tout homme et toute femme venant en ce monde', et il n'existe aucun être humain sur Terre qui n'ait cette 'Lumière' en lui.

«Il y en a beaucoup sur Terre qui se réveillent rapidement et ressentent la puissante Vague de cette 'Lumière Intérieure' s'écouler à travers eux, s'extériorisant ainsi davantage. Si ces individus demeurent parfaitement harmonieux, maintiennent sans fléchir leur attention sur la 'Présence de l'Être Suprême Intérieur', et s'ils acceptent et visualisent la *pleine activité* de son éclatante Lumière, ils pourront alors s'entourer de la Triple Activité de la Lumière Blanche. Cela élimine les créations discordantes du monde extérieur.

«Frères et Soeurs bien-aimés, ce sera pour nous une grande joie et un privilège de vous rencontrer en janvier et en juillet de chaque année, ici dans votre Retraite, étant donné la Proximité et le Rayonnement de la Lumière de Dieu-Maître-de-Tout, qui bientôt inondera l'Amérique d'un océan à l'autre. Pendant que l'on ramène les sarcophages de cristal, méditons profondément sur l'Unité de Vénus et de la Terre, l'Omniprésence de la Divinité qui habite la forme.»

Pendant environ dix minutes, nous demeurâmes dans le grand Silence. Ensuite, le Maître de Cérémonie nous demanda de prendre nos places près des sarcophages. Il fit le Signe du coeur et de la tête, se croisa les mains sur la poitrine et appela la 'Présence de l'Être Suprême':

«Toi, Créateur Tout-Puissant de l'Univers et de tout ce qu'il contient; Toi Dieu Un Omniprésent! Nous attendons la Manifestation de Ta Grande Présence Bienfaisante.»

Une douce *Essence Lumineuse* de couleur rose nous enveloppa, ainsi que les sarcophages, puis elle se rapprocha encore de nous. Tout à coup, une grande Colonne de Lumière Blanche éblouissante pénétra le Rayonnement qui nous entourait et resta là trois ou quatre minutes avant de se dissiper progressivement. Nous vîmes alors que les trois corps reposaient dans les sarcophages. Nous nous regardâmes: nous étions à nouveau dans les corps que Saint Germain nous avait préparés, et grâce auxquels nous pouvions assister à la grande Réunion du Teton Royal.

Le Maître de Cérémonie bénit tous ceux qui étaient présents, la 'Fraternité du Teton Royal' et tous ceux de la Terre, leur promettant de revenir en juillet prochain. Ensuite, les Douze Maîtres de Vénus prirent place sur le cercle qui était tracé sur le plancher de la salle d'audience. L'énorme Puissance Divine qu'ils concentraient fit trembler toute la montagne, et cette 'Lumière' prit la forme d'un aigle colossal: son corps était violet, sa tête et ses pieds étaient d'or. La salle entière se remplit d'une 'Lumière Blanche' éblouissante qui formait l'extrémité d'un 'grand Chemin d'Essence Lumineuse' sur lequel ces Douze Êtres Rayonnants retournèrent chez eux, sur Vénus.

Cette Scène extraordinaire que nous contemplions tous dépasse le pouvoir descriptif des mots. Alors que la grande Activité vibratoire diminuait, un Merveilleux Rayonnement Cristallin illumina le Miroir Cosmique, et ces mots apparurent sur l'écran: «Paix et Illumination à toute la Terre et à ses habitants. Ceux de Vénus vous bénissent.»

Chaque invité toucha son coeur et sa tête, se croisa les mains sur la poitrine et s'inclina en signe d'acceptation de cette Puissante Effusion. Chacun rencontra Lanto qui leur communiqua individuellement des instructions concernant l'oeuvre de mil neuf cent trente et un. Ensuite, chacun s'assit et demeura profondément silencieux en adorant la 'Grande Lumière'. À la fin de la méditation, une splendide musique remplit la grande salle, et les têtes s'inclinèrent pour recevoir la Bénédiction du Maître. Sa voix claire, magnifique et profonde annonça:

«Il n'est rien de Suprême que Dieu. Il n'est rien d'Éternel, rien de Réel que le Christ. Il n'est rien de vrai que la Lumière. Ces Trois sont "L'Un". Tout le reste est ombre. Rappelez-vous ceci: les ombres dissimulent, les ombres égarent et les ombres font trébucher l'humanité. Celui qui avance sur le Sentier de la Lumière reste *fidèle* au Christ et regarde toujours vers Dieu. Il vit dans un monde à lui sans être touché par les tourbillons agités qui l'entourent, bien qu'il oeuvre dans le monde où les ombres existent encore. Sur celles-ci, il dirige sa Lumière les obligeant ainsi à sombrer dans l'océan de l'oubli.

«Il n'est point de bonheur, à moins de regarder l'Être Suprême en face, et de L'adorer, Lui la Source de Tout. Il n'est rien de permanent que le Christ. Il n'existe aucune voie pour progresser dans l'Univers, sinon le 'Sentier de la Lumière'.

«Si vous vous armez de cette Compréhension Éternelle

de la Vie, ne jurez fidélité qu'à votre Source - Dieu; demeurez *loyal* envers le Christ et portez la Lumière. Alors, votre code d'honneur sera votre *obligation* "d'Aimer et de bénir la Vie", peu importe la forme par laquelle elle s'exprime, où que vous soyez. Tel est le Plan Éternel de l'existence, et tous ceux qui savent Cela peuvent aller partout dans l'Univers, explorer tout ce qu'il contient et pourtant ne jamais être affectés par aucune des ombres que les humains ont créées en oubliant d'où ils viennent.

«DIEU seul est Grand, et toute Gloire appartient uniquement à la 'Source de toute Grandeur'. Il est vraiment Sage celui qui ne connaît que sa Source et refuse tout le reste, parce qu'il devient le Bonheur Permanent et qu'il est Maître partout où il va. Alors, et alors seulement, peut-il devenir un Créateur de Mondes sur lesquels il déverse son bonheur et, ainsi il vit vraiment le Plan Divin pour tous.

«Membres de la Fraternité du Teton Royal, révélez ce Plan aux enfants égarés de la Terre. Déversez votre Rayonnement sur les ombres qu'ils ont eux-mêmes créées, et indiquez-leur 'le Chemin vers le Grand Soleil Central', notre Source Transcendante. Ma Lumière vous recouvre, Ma Puissance vous soutient et à travers vous respire mon Amour pour ceux qui cherchent leur demeure dans 'La Lumière'.

«Êtres humains bien-aimés! Que ce même Rayonnement tout Puissant répande sa Lumière pour vous illuminer, vous guérir et vous bénir de cet Amour Divin qui vous gardera toujours tous dans les bras Éternels de

'La Lumière Une et Suprême'.

«Amérique! Dieu vous bénit et vous couvre *maintenant* de "L'Éternelle Lumière sans ombre".»

Finis

" *Renaître à la Lumière* "

Godfré Ray King: L'Enseignement d'origine des Maîtres d'Ascension

L'Enseignement d'origine des Maîtres d'Ascension, transmis par Godfré Ray King, est diffusé depuis 1934 en Amérique du Nord. Il est diffusé en français au Québec, par Marc Saint Hilaire, depuis 1983.

Il est désormais possible, où que vous viviez (au Québec, en France ou ailleurs), de recevoir l'Enseignement d'origine sur la Présence du Suprême I AM *Je Suis*, afin de pouvoir le mettre efficacement en action dans votre vie.

Pour recevoir, par le courrier, sans aucun frais et sans engagement, le document *"Godfré Ray King et les Maîtres d'Ascension"*, ainsi que la documentation complète sur le Cours pratique *"Renaître à la Lumière"*, il vous suffit d'en faire la demande par la poste. Le tout vous sera gracieusement expédié dans les meilleurs délais.

Les Éditions du Nouveau Monde ne sont associées à aucune organisation extérieure, à aucune église, à aucune religion ni à aucun mouvement.

ÉDITIONS DU NOUVEAU MONDE
185, St-Ignace - La Pérade - Québec
Canada - G0X 2J0

Achevé d'imprimer
sur les Presses des imprimeries AGMV Marquis
à Montmagny, Québec, Canada

grande Effusion de Lumière comme celle qui se produira bientôt. Plusieurs, qui semblaient s'être endurcis à cause de leurs activités passées, se réveilleront presque en un jour, et ils ressentiront la Proximité de la Grande 'Présence' de l'Être Suprême dans tous les coeurs. Plusieurs, qui étaient restés doux et humbles tout en demeurant proches de cette 'Présence Intérieure', se mettront soudainement à rayonner une Lumière Transcendante, à leur plus grand étonnement et à celui des autres. Tout se fera par la Puissance de l'Amour de Dieu, et l'humanité commencera à prendre conscience que c'est le summum de la folie qu'une partie de la Création de Dieu se batte contre une autre partie.

«Le désir de remplir les autres de bonheur plutôt que soi-même entrera presque spontanément dans les coeurs de tous, et cela produira une 'Lumière' qui illuminera ce qui reste de 'Chemin vers la Perfection'. Seul l'égoïsme enferme les enfants de la Terre dans l'esclavage et la détresse qu'ils ont laissés s'exprimer sur cette planète. Mais lorsque la 'Lumière du Christ' fait jaillir 'L'Amour qui est dans le Coeur', l'égoïsme disparaît et retourne à la fontaine de l'oubli.

«De grandes transformations physiques se produiront dans la Nature. Deux grands Centres de 'Lumière' déverseront leurs bienfaits sur l'humanité: l'un est la Splendide 'Présence' Lumineuse de Shamballa avec son Rayonnement étincelant; l'autre se manifestera aux États-Unis d'Amérique, mais à un endroit auquel personne n'aura jusque-là pensé et qui n'a pas encore été révélé aux organes du monde extérieur.

«Durant cette présente activité d'aide et de rayonnement intense de 'Lumière' venant des grandes Légions de Lumière qui protègent les enfants de la Terre, des centaines de personnes verront leur corps physique vivifié et stimulé par l'élévation rapide du niveau vibratoire. Quand cela sera accompli, ils se rendront compte que les limites physiques et les discordes humaines seront tombées comme un vieux manteau usé, que les Enfants de Lumière sont pour toujours 'Un' avec la 'Flamme de Vie Éternelle', et que la Perfection de la Beauté et de la Jeunesse Éternelles est une *réalité visible et tangible*.

«Enfants bien-aimés de la Terre, vous vous trouvez maintenant sur le Seuil des Âges. Les 'Grands Maîtres d'Amour' gardent la porte ouverte et vous invitent constamment à marcher consciemment dans la 'Lumière' à leurs côtés. Peu importe ce qui se passe dans le monde extérieur, marchez avec la 'Lumière' et dans la 'Lumière' sans vous préoccuper des apparences. Alors, vous trouverez un 'Maître d'Ascension' qui a parcouru ce même sentier avant vous et qui se tient à vos côtés pour vous révéler la 'Vraie Voie'.

«Le cycle change, et nous atteignons une Nouvelle Dispense qui apporte un moyen plus sûr, plus puissant et plus rapide, grâce auquel celui qui s'élève sur le Sentier de la Victoire est capable de maintenir un *contact permanent* avec la 'Grande Lumière Cosmique'. Dans cet Ordre Nouveau, la discipline de l'étudiant consiste à centrer et à maintenir totalement son